本书受中南财经政法大学出版基金资助

中南财经政法大学
青|年|学|术|文|库

# 农村社会养老保险的制度效应及可持续性研究

黄宏伟 著

中国社会科学出版社

**图书在版编目(CIP)数据**

农村社会养老保险的制度效应及可持续性研究 / 黄宏伟著 . —北京：
中国社会科学出版社，2018.6
（中南财经政法大学青年学术文库）
ISBN 978 – 7 – 5203 – 1912 – 6

Ⅰ.①农…　Ⅱ.①黄…　Ⅲ.①农村 – 社会养老保险 – 养老保险制度 –
可持续性发展 – 研究 – 中国　Ⅳ.①F842.67

中国版本图书馆 CIP 数据核字（2017）第 323663 号

| | | |
|---|---|---|
| 出 版 人 | 赵剑英 | |
| 责任编辑 | 田　文 | |
| 特约编辑 | 金　泓 | |
| 责任校对 | 张爱华 | |
| 责任印制 | 王　超 | |

| | |
|---|---|
| 出　　版 | 中国社会科学出版社 |
| 社　　址 | 北京鼓楼西大街甲 158 号 |
| 邮　　编 | 100720 |
| 网　　址 | http://www.csspw.cn |
| 发 行 部 | 010 – 84083685 |
| 门 市 部 | 010 – 84029450 |
| 经　　销 | 新华书店及其他书店 |

| | |
|---|---|
| 印　　刷 | 北京君升印刷有限公司 |
| 装　　订 | 廊坊市广阳区广增装订厂 |
| 版　　次 | 2018 年 6 月第 1 版 |
| 印　　次 | 2018 年 6 月第 1 次印刷 |

| | |
|---|---|
| 开　　本 | 710 × 1000　1/16 |
| 印　　张 | 11 |
| 插　　页 | 2 |
| 字　　数 | 181 千字 |
| 定　　价 | 49.00 元 |

凡购买中国社会科学出版社图书，如有质量问题请与本社营销中心联系调换
电话：010 – 84083683

# 总　序

　　一个没有思想活动和缺乏学术氛围的大学校园，哪怕它在物质上再美丽、再现代，在精神上也是荒凉和贫瘠的。欧洲历史上最早的大学就是缘于学术。大学与学术的关联不仅体现在字面上，更重要的是，思想与学术，可谓大学的生命力与活力之源。

　　中南财经政法大学是一所学术气氛浓郁的财经政法高等学府。范文澜、嵇文甫、潘梓年、马哲民等一代学术宗师播撒的学术火种，五十多年来一代代薪火相传。在世纪之交，在合并组建新校而揭开学校发展新的历史篇章的时候，学校确立了"学术兴校，科研强校"的发展战略。这不仅是对学校五十多年学术文化与学术传统的历史性传承，而且是谱写新世纪学校发展新篇章的战略性手笔。

　　"学术兴校，科研强校"的"兴"与"强"，是奋斗目标，更是奋斗过程。我们是目的论与过程论的统一论者。我们将对宏伟目标的追求过程寓于脚踏实地的奋斗过程之中。由学校斥资资助出版《中南财经政法大学青年学术文库》，就是学校采取的具体举措之一。

　　本文库的指导思想或学术旨趣，首先，在于推出学术精品。通过资助出版学术精品，形成精品学术成果的园地，培育精品意识和精品氛围，提高学术成果的质量和水平，为繁荣国家财经、政法、管理以及人文科学研究，解决党和国家面临的重大经济、社会问题，作出我校应有的贡献。其次，培养学术队伍，特别是通过对一批处在"成长期"的中青年学术骨干的成果予以资助推出，促进学术梯队的建设，提高学术队伍的实力与水平。最后，培育学术特色。通过资助在学术思想、学术方法以及学术见解等方面有独到和创新之处的成果，培育科研特色，力争通过努力，形成有我校特色的学术流派与学术思想体系。因此，本文库重点面向中青年，重点面向精品，重点面向原创性学术专著。

　　春华秋实。让我们共同来精心耕种文库这块学术园地，让学术果实挂满枝头，让思想之花满园飘香。

2009 年 10 月

# Preface

A university campus, if it holds no intellectual activities or possesses no academic atmosphere, no matter how physically beautiful or modern it is, it would be spiritually desolate and barren. In fact, the earliest historical European universities started from academic learning. The relationship between a university and the academic learning cannot just be interpreted literally, but more importantly, it should be set on the ideas and academic learning which are the so-called sources of the energy and vitality of all universities.

Zhongnan University of Economics and Law is a high education institution which enjoys rich academic atmosphere. Having the academic germs seeded by such great masters as Fanwenlan, Jiwenfu, Panzinian and Mazhemin, generations of scholars and students in this university have been sharing the favorable academic atmosphere and making their own contributions to it, especially during the past fifty-five years. As a result, at the beginning of the new century when a new historical new page is turned over with the combination of Zhongnan University of Finance and Economics and Zhongnan University of Politics and Law, the newly established university has set its developing strategy as "Making the University Prosperous with Academic Learning; Strengthening the University with Scientific Research", which is not only a historical inheritance of more than fifty years of academic culture and tradition, but also a strategic decision which is to lift our university onto a higher developing stage in the 21st century.

Our ultimate goal is to make the university prosperous and strong, even through our struggling process, in a greater sense. We tend to unify the destination and the process as to combine the pursuing process of our magnificent goal with the practical struggling process. The youth's Academic Library of Zhongnan University of Economics and Law, funded by the university, is one of our specific measures.

The guideline or academic theme of this library lies first at promoting the publishing of selected academic works. By funding them, an academic garden with high-quality fruits can come into being. We should also make great efforts to form the awareness and atmosphere of selected works and improve the quality and standard of our academic productions, so as to make our own contributions in developing such fields as finance, economics, politics, law and literate humanity, as well as in working out solutions for major economic and social problems facing our country and the Communist Party. Secondly, our aim is to form some academic teams, especially through funding the publishing of works of the middle-aged and young academic cadreman, to boost the construction of academic teams and enhance the strength and standard of our academic groups. Thirdly, we aim at making a specific academic field of our university. By funding those academic fruits which have some original or innovative points in their ideas, methods and views, we expect to engender our own characteristic in scientific research. Our final goal is to form an academic school and establish an academic idea system of our university through our efforts. Thus, this Library makes great emphases particularly on the middle-aged and young people, selected works, and original academic monographs.

Sowing seeds in the spring will lead to a prospective harvest in the autumn. Thus, let us get together to cultivate this academic garden and make it be opulent with academic fruits and intellectual flowers.

Wu Handong

# 摘　　要

　　中国与当前众多发展中国家一样，正面临人口老龄化的问题，并且农村人口老龄化形势较城镇更为严重。与此同时，中国农村传统的养老模式正逐渐发生变化，一方面，随着农村青壮年劳动力不断向城镇转移，中国农村传统的家庭养老保障方式维系的基础开始动摇；另一方面，农业比较收益的持续降低导致农村土地的保障功能逐步弱化，以上变化使得中国农村养老问题变得日益严峻。

　　近年来，国家对农村养老问题日益重视，2009 年 9 月，国务院开始了新农保的试点工作。新农保自试点以来受到了广大农民的欢迎，其覆盖率快速提高。2014 年 2 月，国家将新农保与城居保合并为城乡居民基本养老保险，并提出要根据国家经济发展和物价变动等情况，适时调整城乡居民社会养老保险基础养老金最低标准。可以预见，随着国家农村社会养老保障体系的日益完善，农村老人的经济条件将得到逐步提高。

　　在以上背景下，本书基于新农保的制度框架，首先对新农保实施的制度效应进行了科学评价，主要从社会福利效应和劳动力供给效应这两个维度来进行。

　　关于新农保的社会福利效应，从福利经济学的角度讲，养老保险制度的一个重要作用在于调节收入差距。新农保本质上就是一种收入再分配机制，通过资金筹集与支付的不对等而实现对收入分配的调节作用：一方面，新农保作为一项社会保障制度，各级政府对基础养老金和个人缴费均实行不同程度的财政补贴，从而可能产生参保与未参保人群之间的收入再分配；另一方面，即使在同一制度安排下，由于参保人的参保时间长短、收入高低、寿命等因素不同，也会产生收入再分配。因此，新农保当前制度安排是否有利于缩小农村地区的贫富差距？政府采取何种补贴形式更有利于缩小贫富差距和提高农村社会福利水平？应进行科学评价。

　　关于新农保的劳动力供给效应，养老金被认为是影响劳动者退休的重要因素（Feldstein，1974；Samwick，1998）。通常而言，劳动者在年老后退出劳动力市场被视为其福利状况改善的一个显示性指标。本书关注的是农村老人的福利状况，以老人是否能减少劳动供给为代表性指标，如能减少则代表了新农保的财富效应导致农村老人劳动供给产生变化。

在对新农保制度效应科学评价的基础上，本书进一步基于微观视角探讨了新农保制度的可持续性。以往农村社会养老保险制度不够成功的一个重要原因就是对农户的吸引力不足导致农户的参保积极性不高，并且难以激励农户持续参保。这种情况下，当前农户新农保的参加和缴费情况如何？影响农户持续参保和缴费的主要因素有哪些？如何完善新农保制度设计来促进农户的持续参保和缴费？将决定新农保制度是否可持续。

围绕以上问题，本书采用农业部农村固定观察点全国抽样调查数据和江苏省宿迁市一手调研数据，对新农保的制度效应及可持续性展开了理论分析和实证考察，本书主要研究内容和相关结论如下：

研究内容一：新农保社会福利效应的测算与分析。

本部分内容的研究目标是考察不同收入组农户的新农保缴费和养老金收入情况，以此评价新农保制度潜在的收入再分配效应和社会福利效应。研究结果表明：第一，当前新农保的实施能有效缩小农户的收入差距和提高农村社会福利水平，新农保缴费会扩大农村居民的收入差距，而养老金收入会缩小农村居民的收入差距。第二，从东、中、西部地区间的比较来看，当前新农保对缩小中部地区农户的收入差距和提高当地农村社会福利水平最为有利、东部次之、西部最弱。分开讨论新农保的缴费和养老金收入环节，新农保缴费对西部地区农户收入差距的影响最大，而新农保养老金收入则对中部地区农户收入差距的影响最大。第三，当前新农保政策中"捆绑条款"的实施在总体上显著减少了农户新农保养老金收入，对新农保的收入再分配效应及社会福利效应均具有抑制作用。第四，在现有政策框架下，新农保的实施能持续缩小农村居民的收入差距、提高农村社会福利水平，而若新农保的待遇水平保持不变，新农保调节农村居民收入差距和提高农村社会福利水平的作用会呈现"先增后减"的变化趋势。

研究内容二：新农保劳动力供给效应的实证分析。

本部分内容的研究目标是探讨新农保养老金收入对农村老人劳动供给的影响，以此评价新农保制度的劳动力供给效应。研究结果表明：第一，新农保养老金收入能显著减少农村老人的劳动供给、提高农村老人的福利水平。第二，相对于本地非农劳动和外出就业劳动，新农保养老金收入对农村老人农业劳动供给的影响更大，提高养老金收入会更多地减少农村老人农业劳动时间。第三，新农保养老金收入对不同类型农村老人劳动供给的影响存在一定差异，对男性老人劳动供给的影响大于女性老人；对年龄越接近60岁农村老人的劳动供给行为的影响越大；新农保养老金收入主要影响中等健康水平农村老人的劳动供给行为，对健康状况较好和较差的农村老人的劳动供给没有显著影响；新农保养老金收入对不同地区老人劳动供给行为的影响从东部至西部呈现递增的变化趋势。因此，增加新农保养老金收入对提高男性老人、年龄接近60岁的老人、健康状况为中等水平的老人以及西部地区老人的福利水平更为有利。

研究内容三：基于微观视角的新农保制度可持续性分析。

本部分内容的研究目标是确定影响农户新农保参加和缴费的主要因素，并在此基础上基于微观视角探讨新农保制度的可持续性。研究结果表明：第一，家庭经济条件、耕地面积和户主文化程度是影响农户新农保参加概率的重要因素，当前新农保制度对收入较高、家庭耕地面积较小和户主文化程度较低的农户的吸引力相对较弱。第二，家庭经济条件、养老负担和教育支出压力是制约农户新农保缴费支出的重要因素。因此，随着农村居民收入水平的提高以及教育、医疗等其他社会保障制度的逐步完善，可以预见，农户的新农保缴费能力以及所选缴费档次将会逐步提高。第三，从地区差异来看，相对于东部地区农户，中、西部地区农户参加新农保的概率更高，但缴费金额却更少。第四，当前"捆绑条款"的实施对农户新农保参加概率具有积极影响，但相对于高收入人群，"捆绑条款"对低收入人群参保概率的影响更大，并由此可能导致"逆向选择"的问题。

**关键词：**新型农村社会养老保险；社会福利效应；劳动力供给效应；可持续性

# ABSTRACT

Like most of the developing countries, China is facing the problem of an aging population, and the rural population aging situation is more serious than the town. At the same time, Chinese rural traditional pension model is gradually changing, on the one hand, with the young adults rural labor constantly moving towards to cities and towns, the basis of Chinese traditional rural family pension mode began to change; On the other hand, the agricultural comparison income Continuing decline lead to the rural land security function gradually weakening, these changes make the Chinese rural pension problem become increasingly serious.

In recent years, China has payed more and more attention to the rural pension problem, The State Council began the pilot work of the new rural social endowment insurance in September 2009. In February 2014, the new rural social endowment insurance and the urban social endowment insurance have been merged into urban and rural social endowment insurance. And the state put forward according to the national economic development and price changes, timely adjustment of urban and rural social endowment insurance's basic minimum standards. With the national rural social old-age insurance system is increasingly perfect, economic conditions of rural elderly will predictably be gradually increased.

Based on the above background, based on the institutional framework under the new rural social endowment insurance, this paper make an scientific appraisal to the effect of the new rural social endowment insurance system above all, mainly including the social welfare effect and labor supply effect.

About the social welfare effects of the new rural social endowment insurance, from the perspective of welfare economics, one of the important role of endowment insurance system is to adjust the income gap. The new rural social endowment insurance is essentially a income redistribution mechanism, by means of financing and payment equitably to adjust the income distribution: on the one hand, As a social security system, Government at all levels are different degrees of financial subsidies to the basic pension and individual contributions, which may result in the redistribution of income between the insured and the uninsured population; On the other hand, even under the same system arrangement, will lead to income redistribution Because the participating duration、the level of income and the life expectancy of the insured person differently. Therefore, Whether the new rural social endowment insurance is conducive to narrow the gap between the rich and the poor in rural areas? Which subsidy the government adopt is more conducive to narrow the gap between rich and poor and to improve the level of rural social welfare in rural areas?

About the labor supply effects of the new rural social endowment insurance, Pension is considered to be an important factor affecting workers retirement (Feldstein, 1974; Samwick, 1998). Generally speaking, the elderly workers out of the labor market is an indicator as to improve its welfare state. This paper is focuses on the welfare of rural elderly, as the elderly whether to reduce the labor supply the representative indicator, if decrease, represents the wealth effect of the new rural social endowment insurance produce changes in the labor supply of rural elderly.

On the basis of the evaluation on the insurance effect of the new rural social endowment insurance, this paper further discussed the sustainability of the new rural social endowment insurance based on micro perspective. An important reason that the rural social endowment insurance system is not successful is on less attractive resulted in farmers' participating enthusiasm is not high, and it is difficult to encourage farmers to continue to participate. In this case, what about the farmers current participation and contribution of the new rural social endowment insurance? What are the main factors that influence farmers continue to insurance and payment? How to improve the new rural social endowment insurance system design to promote farmers continued to insurance and payment?

Around the above problems, this paper use the department of agriculture rural fixed observation point national sampling survey data and Jiangsu Suqian firsthand data, the author did theoretical analysis and empirical study on the effects and sustainability of the new rural social endowment insurance, the main contents and conclusions of this paper are as follows.

Content one: Measurement and analysis of the social welfare effect of the new rural social endowment insurance.

The goal of this section is to investigate the pay and pension income of the new rural social endowment insurance between different households with income groups, in order to evaluate the potential income redistribution effect and social welfare effect of the new rural social endowment insurance system. Results show that: firstly, the current implementation of the new rural social endowment insurance can effectively narrow the income gap between farmers and improve the rural social welfare, the payment will expand the rural residents' income gap, Pension income will narrow the income gap of rural residents. Secondly, comparisons among the eastern, central and western regions, the current new rural social endowment insurance is the most favourable to narrow the eastern households' income gap and improve the central rural regions' social welfare, followed by the Eastern, western weakest, the payment has largest influence on western households' income gap, the pension income has largest influence on central households' income gap. Thirdly, "Binding clause" will significantly reduce the farmers' pension income of the new rural social endowment insurance, and will inhibit the income redistribution effect and social welfare effect of the new rural social endowment insurance. Fourthly, under the existing policy framework, the implementation of the new rural social endowment insurance can continue to narrow the rural area income gap, improve the rural social welfare, the effect of the new rural social endowment insurance regulation of rural income gap and improve the rural social welfare will be increasing in the short term, but with the passage of time, the effect will be weaken.

Content two: An empirical analysis of the labor supply effect of the new rural social endowment insurance.

The goal of this section is to determine whether the new rural social endowment insurance can have an impact on the rural elderly labor supply, as to evaluate the personal welfare effect of the new rural social endowment insurance. Results show that: firstly, pension income of the new rural social endowment insurance can significantly reduce the rural elderly labor supply, improve the rural elderly welfare. Secondly, compared with the local non-agricultural labor and employment of labor, pension income of the new rural social endowment insurance has greater impact on rural elderly agricultural labor supply, improve pension income will be more reduced rural elderly agricultural labor time. Thirdly, there are some differences about pension income impact on the rural labor supply of different elderly, the effect of men's labor supply is greater than the old woman; the closer the rural elderly age is to 60 years old, the more impact on their labor supply behavior; pension income of the new rural social endowment insurance will mainly influence the labor supply behavior of rural elderly which health is in middle-level, the impact of the new rural social endowment insurance pension income on the elderly labor supply behavior showed increasing trend from east to west. Therefore, add the new rural social endowment insurance pension income will more favorable improve the welfare of the elderly men, aged nearly 60 years elderly, the elderly health status be in the middle level and the western elderly.

Content three: Analysis of the new rural social endowment insurance system sustainability based on micro perspective.

The goal of this section is to determine the main factors which impact the farmers to participate in and payment of the new rural social endowment insurance, and on this basis to explore the sustainability of the new rural social endowment insurance system based on micro perspective. Results show that: firstly, family economic conditions, cultivated land and the education of householders is the important factors of the probability farmers participate in the new rural social endowment insurance, the current rural social endowment insurance system is relatively weak attraction to farmers which the family income is higher, family cultivated land area is smaller and the education of householders is lower. Secondly, family economic conditions, pension burden and education spending pressure is the important factors of farmers payment about the new rural social endowment insurance. Therefore, with the income level of rural residents and the improvement of the education, health care and other social security system gradually perfect, the farmers' payment ability and the pay grade of the new rural social endowment insurance will gradually improve. Thirdly, From the regional differences, compared with eastern farmers, farmers in central and western region has higher probability to participate in the new rural social endowment insurance, But the payment amount is less. Fourthly, "Binding clause" has a positive impact on the probability of farmers to participate in the new rural social endowment insurance, but compared to the high-income populations, "Binding clause" has greater impact on the low-income populations' probability of insured, and this may lead to "adverse selection" problem.

**Key words:** The New Rural Social Endowment Insurance; Social Welfare Effect; Labor Supply Effect; Sustainability

# 目　录

# 图 目 录

# 表 目 录

# 第一章 导言

## 第一节 问题的提出

中国与当前众多发展中国家一样,正面临人口老龄化的问题。根据2010年全国第六次人口普查数据显示,中国60岁及以上年龄人口为1.78亿人,占全部人口的13.32%,其中65岁及以上人口为1.19亿人,占全部人口的8.92%;而在农村,60岁及以上年龄人口为0.99亿人,占全部农村人口的14.98%,其中65岁及以上人口为0.67亿人,占全部农村人口的10.06%,表明我国已处于老龄化社会[①],并且农村人口老龄化形势较城镇更为严重。与此同时,中国农村传统的养老模式正逐渐发生变化,一方面,随着农村青壮年劳动力不断向城镇转移,中国传统的农村家庭养老保障方式维系的基础开始动摇;另一方面,农业的比较收益的持续降低导致农村土地的保障功能逐步弱化,以上变化使得中国农村养老问题变得日益严峻。

近年来,国家对农村养老问题日益重视,2009年9月,国务院颁布《关于开展新型农村社会养老保险试点的指导意见》(以下简称《指导意见》),提出在全国10%的县(市、区、镇)开展新型农村社会养老保险(以下简称新农保)的试点工作。2011年7月,国家将新农保与城镇居民社会养老保险(以下简称城居保)合并为城乡居民基本养老保险并开展试点工作,截至2012年年底,城乡居民基本养老保险已实现制度全覆盖,全国参保人数达到4.84亿人,共有1.31亿城乡居民领取了基本养老金[②]。

---

[①] 根据1956年联合国《人口老龄化及其社会经济后果》确定的划分标准,当一个国家或地区60岁及以上老年人口数量占总人口比例超过10%或者65岁及以上老年人口数量占总人口比例超过7%时,则意味着这个国家或地区进入老龄化社会。

[②] 中华人民共和国人力资源和社会保障部:《2012年全国社会保险情况》,(http://www.mohrss.gov.cn/SYrlzyhshbzb/dongtaixinwen/shizhengyaowen/201306/t20130618_105477.htm)。

　　从福利经济学的角度讲，养老保险的一个重要制度效应在于调节居民的收入差距（封进，2004）。传统的养老保险模式包括现收现付制和基金积累制两种类型，通常认为，现收现付制模式具有代际和代内双重再分配功能（Diamond，1977；Boskin et al.，1987；Sinn，1995；Tabellini，2000；Casamatta et al.，2000），而基金积累制模式既不具有代际再分配功能也不具有代内再分配功能（封进，2004；何立新，2007）。新农保采取个人缴费、集体补助和政府补贴相结合的筹资方式以及基础养老金与个人账户养老金相结合的养老金发放模式，新农保制度中能够体现收入再分配功能的地方有两点：一是由中央政府全额负担（东部地区中央财政只负担50%）的基础养老金；二是地方政府对个人账户的补贴（规定不低于30元）。可见，新农保本质上就是一种收入再分配机制，可以通过资金筹集与支付的不对等而实现对收入分配的调节作用：一方面，各级政府对基础养老金和个人缴费均实行不同程度的财政补贴，从而可能产生参保与未参保人群之间的收入再分配；另一方面，即使在同一制度安排下，由于参保人的参保时间长短、收入高低、寿命等因素不同，也会产生收入再分配。因此，新农保的制度安排将会产生怎样的收入再分配效应？政府采取何种补贴形式更有利于缩小贫富差距？现有的研究并没有给予回答。

　　养老保险的另一个重要的制度效应就是影响劳动者的劳动供给决策。长期以来，养老金被认为是影响劳动者退休的重要因素（Feldstein，1974；Samwick，1998）。任何为农村老年人提供稳定收入来源的机制很有可能会减少继续劳动的老人的比例以及他们劳动的时间（蔡昉等，2012）。在新农保实施以前，绝大多数农村老人没有养老金，在他们年轻时也很难积累足够的物质财富能够为他们的老年生活提供保障。有研究表明，通常中国农村老人将会"一直劳作到躺倒为止"，直到他们身体行动不便时才停止劳动（Pang et al.，2004）。而如果农村居民在年老后继续从事繁重的劳动将增加其引发各种健康问题的可能性，从而降低他们的福利状况（John Giles、牧人，2005）。通常而言，劳动者在年老后退出劳动力市场被视为其福利状况改善的一个显示性指标（白南生等，2007）。因此，本书关注的是新农保制度对农村老人的劳动力供给效应，以农村老人是否能减少劳动供给为代表性指标，减少则代表了新农保的财富效应能导致农村老人的福利改善。

　　养老保险制度所发挥的劳动力供给效应还取决于养老金的待遇水平。

2014 年 2 月，国务院下发《关于建立统一的城乡居民基本养老保险制度的意见》，提出要根据国家经济发展和物价变动等情况，适时调整城乡居民社会养老保险基础养老金最低标准。可以预见，随着国家农村社会养老保障体系的日益完善，农村老人的经济条件将得到逐步提高。尽管如此，当前新农保相对于城镇职工养老保险在养老金待遇方面仍然差距较大，目前新农保政策规定全国统一基础养老金标准为每人每月 55 元，结合中国农村居民收入情况计算得出 2012 年新农保基础养老金替代率为 8.3%，而这一数据与城镇职工 50% 左右养老金替代率差距较大①。这种情况下，虽然理论上获得养老金收入会导致农村老人产生的劳动积极性下降的动机，但由于新农保养老金待遇水平相对较低，因而新农保养老金能否影响农村老人劳动供给决策有待实证检验。

农户作为新农保制度的一个重要参与主体，其参保和缴费行为直接影响新农保制度的持续实施。以往中国农村社会养老保险制度实施不够成功的一个重要原因就是制度对农户的吸引力不足，导致农户的参保积极性不高，从而难以持续实施。因而作为一项以"广覆盖"和"可持续"为目标的社会保障制度，新农保应该更加关注农户的参加和缴费情况。当前较多国内学者通过对部分试点地区调研得出样本地区农民的新农保参加率还有待提高（李晓云、范冰洁，2010；赵志航等，2010；桑军，2011；赵悦，2011）。同时，新农保在强调国家对农民"老有所养"承担责任的同时，鼓励农民对养老金进行自我积累②。然而，目前较多学者通过研究表明，参保农户普遍偏好较低的缴费档次（封铁英、董璇，2010；鲁欢，2012）。这种情况下，在了解农户是否参保及其影响因素的基础上，进一步探究农户新农保缴费金额的影响机理，对新农保政策的持续实施具有重要现实意义。

此外，作为一项以公平和自愿为原则的普惠式社会保障制度，新农保的政策目的是为农村老人特别是贫困老人提供生活保障。新农保制度中的

---

①　根据《中国统计年鉴 2013》，中国农村居民 2012 年的人均纯收入为 7916.58 元；根据世界社保研究中心发布的《中国养老金发展报告 2012》，2011 年城镇基本养老保险替代率为 50.3%。

②　国家规定，新农保采取基础养老金与个人账户养老金相结合的基本模式和个人缴费、集体补助、政府补贴相结合的筹资方式，个人缴费标准设为每年 100 元、200 元、300 元、400 元、500 元五个档次，地方可以根据实际情况增设缴费档次，参保人自主选择档次缴费，多缴多得。

"捆绑条款"① 引起了广泛争议,一方面,"捆绑条款"可能提高农户的参保概率,对短期内迅速扩大新农保的覆盖范围具有积极作用;另一方面,此条款也可能导致"逆向选择"问题,即:由于"捆绑条款"的实施,导致那些生活困难、最需要帮助的老人因自己或子女没有能力缴费参保而不能领取政府所提供的基础养老金,而那些子女已取得城镇非农户口、经济条件优越的农村老人却可直接享受新农保养老待遇。因此,从效率的视角出发,"捆绑条款"是否能在整体上提高农户新农保的参保概率?从公平的视角出发,"捆绑条款"是否会导致"逆向选择"的现象?以及"捆绑条款"的实施对我国农村社会福利将会产生何种影响?以上问题有待研究。

因此,本书将以新农保试点工作逐步深入为背景,在广泛调查了解目前农户对新农保的综合评价以及农户参保和缴费情况的基础上,测算并预测新农保政策实施对农村居民收入再分配和农村社会福利水平的影响,考察现阶段新农保实施对农村老人产生的劳动力供给效应,通过找到现阶段影响农户参加新农保和选择缴费档次的关键因素来探讨新农保的可持续性。不仅可以为考察新农保制度的政策效应及可持续性提供必不可少的基础数据,同时也可以为学术界讨论新农保制度的激励机制以及政府确定新农保制度今后的改革方向提供科学依据,具有重要的现实意义。

## 第二节 研究目标、假说与研究内容

### 一 研究目标

新农保的试点工作自 2009 年以来已实施了五年多的时间,在覆盖面迅速扩大的同时也存在一些问题,因此,有必要对新农保试点实施过程中所产生的相关政策效应进行客观和科学的评价。本书的研究目标是在我国新农保试点工作实施逐渐深入的背景下,探讨新农保政策的实施产生的收入再分配效应和社会福利效应,科学评价新农保制度对农村老人的劳动力供给效应,探究农户新农保的参加和缴费行为及其影响机理,以期为政府

---

① 《指导意见》中规定:已年满 60 周岁的农民不用缴费,可以直接按月领取基础养老金,但其符合参保条件的子女应当参保缴费。这条原则性规定在许多地方演变成了"家庭成员捆绑缴费"的强制性措施,即如果子女不参加新农保,父母就不能领取国家的基础养老金。这一条款被学者称作"捆绑条款"。

对新农保制度的改进和完善、推动其持续实施提供实证依据。

基于此，本书的具体研究目标可以分为以下三个方面：

目标一：综合考察新农保的收入再分配效应和社会福利效应。在新农保现行的制度框架下，利用微观数据，测算当前不同收入组群和不同地区农户的新农保缴费支出和养老金收入，以及参加新农保导致调查样本基尼系数和社会福利水平的变化，并对相关指标的变化趋势进行合理预测，据此评价新农保政策的收入再分配效应和社会福利效应，并探讨"捆绑条款"在其中的作用。

目标二：科学评价新农保制度对农村老人的劳动力供给效应。确定家庭中新农保养老金收入与老人劳动参与率和劳动时间的关系，评价新农保制度的实施对农村老人劳动供给的影响。

目标三：基于微观视角的新农保制度可持续性研究。了解现阶段农户新农保的参加和缴费情况，探寻现阶段影响农户新农保参加和缴费行为的关键因素，并探讨"捆绑条款"在其中的作用。

## 二 研究假说

针对以上研究目标，本书提出如下研究假说。

假说一：新农保制度具有正向收入再分配效应和社会福利效应。

由于新农保是低水平起步，则可能使得当前低收入人群的参保率更高。通常而言，高收入人群具备更强的缴费能力，但由于政策中对高缴费档次的财政补贴未明确规定，因而高缴费档次对农户的吸引力具有不确定性。在这种情况下，若低收入人群参保率更高，则可能获得更多的财政补贴，因而当前新农保的实施有利于缩小农村居民的收入差距和提高农村社会福利水平。而"捆绑条款"可能使得部分家庭经济状况较差的老人无法获得养老金，从而对新农保收入再分配效应和社会福利效应的发挥均具有抑制作用。由于新农保的待遇缺乏动态调整机制，随着农村居民收入水平的不断提高，新农保调节收入差距的作用会逐步减小。

假说二：新农保养老金能够有效降低农村老人的劳动供给，改善其福利状况。

对于农村老人而言，闲暇是一种正常商品，因此，新农保养老金收入能显著减少农村老人的劳动供给。新农保养老金收入对农村老人不同类型劳动供给的影响具有差异，相对于农业劳动和本地非农劳动，养老金收入对老人外出就业劳动供给的影响更大,提高养老金收入会更多地减少老人外出就业时间。新农保养老金收入对农村老人劳动供给的影响因老人性别、年龄、健康状况和地区的不同而存在一定的差异。

假说三:农户新农保的参加和缴费行为受家庭经济条件和家庭成员结构的影响。

由于当前新农保的待遇水平较低,新农保对低收入人群的吸引力更大。此外,家庭的育幼、养老、教育、住房和医疗负担对农户参保和缴费行为具有负向影响;"捆绑条款"对农户参保概率具有积极影响,但是可能导致"逆向选择"问题。

### 三　研究内容

本书在调查了解农户新农保参加和缴费现状的基础上,首先,实证分析不同组群和不同地区农户的新农保缴费支出和养老金收入,测算并预测新农保对农村地区基尼系数和社会福利指数的影响,评价新农保制度的收入再分配效应和社会福利效应;其次,了解农村老人劳动供给现状,评价新农保制度的实施对农村老人劳动时间的影响;最后,将农户新农保的参加和缴费行为及其影响因素纳入同一分析框架,以理性人追求家庭效用最大化为理论基础,构建经济理论模型探讨现阶段影响农户参保和缴费行为的关键因素。具体来说,本书的主要研究内容如下:

内容一:分析不同组群和不同地区农户新农保缴费支出和收入特征,测算新农保制度的实施对农村地区基尼系数和社会福利指数的影响及其变化趋势,评价新农保对农村居民产生的收入再分配效应和社会福利效应。

内容二:调查了解农村老人劳动参与率和劳动时间的现状,理论分析并实证检验家庭新农保养老金收入对老人劳动供给的影响,评价新农保制度对农村老人产生的劳动力供给效应。

内容三:调查了解农户新农保参加和缴费现状,基于微观视角探讨新农保制度的可持续性,理论分析并实证检验农户新农保参加和缴费行为的影响因素,探讨"捆绑条款"产生的影响。

内容四:在对相关研究结论进行深入分析的基础上,结合新农保制度的实施现状,提出完善新农保制度相关条款、合理进行制度安排等具有较强理论价值和现实意义的政策建议。

## 第三节　研究方法与技术路线

### 一　研究方法

总体而言，本书主要采用宏观分析与微观分析相结合以及定性分析与定量分析相结合的方法。

在宏观层面，通过计算实际基尼系数和社会福利指数并进行模拟，讨论新农保政策实施对各个地区农民收入差距和农村社会福利水平的不同影响及变化趋势。在微观层面，利用农户抽样调查数据探讨新农保养老金收入对农村老人劳动供给的影响，并对影响农户新农保参加和缴费的关键因素进行实证分析。

定性分析方法主要包括对相关研究背景及现状的描述和分析以及相关理论的推理和演绎等。定量分析主要涉及统计学和计量经济学等相关方法，具体方法有：

1. 描述性统计分析

描述性统计分析方法主要用于从不同维度分析当前农户养老观念和试点地区农户对新农保制度的主观评价、样本农户新农保缴费和家庭养老金收入情况、样本地区农村老人劳动供给现状等，主要采用样本分布的平均值和构成比等指标来进行统计和分析。

2. 计量模型

本书在理论分析的基础上，构建了影响农村老人劳动供给行为和影响农户新农保参加和缴费行为的计量模型。根据样本数据特点，选择 Tobit 模型来分析新农保养老金收入对农村老人劳动供给的影响，选择 Heckman 两阶段模型来探讨相关因素对农户新农保参加和缴费行为的影响。

3. 基尼系数和社会福利指数

主要用于从总体上度量新农保的收入分配效应和社会福利效应。通过计算分析农民人均纯收入、基尼系数和社会福利指数在新农保缴费支出前后及新农保养老金收入的差异来观察新农保对农户收入差距和社会福利水平的影响。

### 二　技术路线

根据本研究的研究思路和研究内容，本研究的技术路线图可以表示如下：

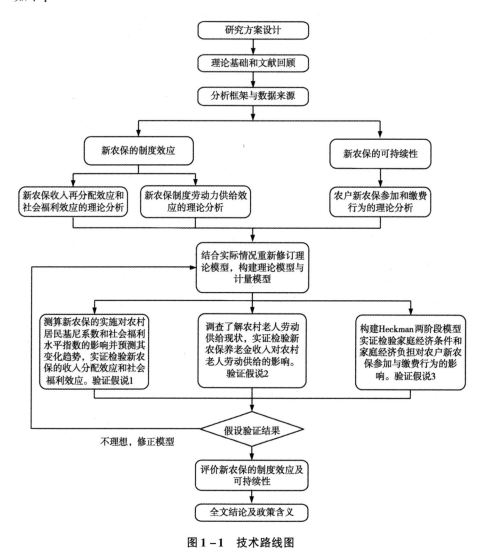

图 1 - 1　技术路线图

## 第四节　可能的创新与不足之处

### 一　可能的创新

本书以新农保制度的实施为背景，从农户参保和缴费行为的视角探讨我国新农保制度实施的可持续性，并讨论相关条款（如"捆绑条款"）对新农保政策效应的影响，为改进和完善新农保制度的实施提供决策参考，具有实践意义；而且本书实证检验了新农保养老金对农村老人劳动供给的影响，对于相关领域的研究也具有一定的学术价值。具体来说，本书可能具有以下几点新意：

（1）当前学术界对新农保收入再分配效应的研究尚处于起步阶段，现有的少数研究也仅限于根据政策规定以某一地区为样本进行测算，而新农保作为一项全国性的农村社会保障制度，采用大样本微观数据进行测算和模拟新农保在全国或区域范围内的收入再分配效应以及由此导致的社会福利水平的变化显得更有意义。此外，关于新农保政策中的"捆绑条款"，已有部分学者从理论和现实等维度探讨了该条款的合理性及可能导致的社会问题（李冬妍，2011；徐璐璐，2012；盛学军、刘广明，2012），但目前很少有学者利用微观数据来验证"捆绑条款"对新农保收入再分配效应的影响。

（2）目前关于养老金收入对农村老人劳动供给影响的研究为数不多，且主要集中于是否有养老金对农村老人农业劳动参与率的影响。然而，与劳动参与率相比，劳动时间更能体现农村老人劳动参与的深度。并且农村老人的劳动分为农业劳动、本地非农和外出就业三种形式，新农保对老人不同劳动形式的影响可能存在差异。此外，目前新农保政策中规定各地区可根据实际情况提高基础养老金标准，从而导致不同地区农村老人的养老金数量可能产生差异，这种情况下，讨论养老金数量对农村老人劳动供给的影响比讨论是否有养老金对农村老人劳动供给的影响显得更有意义。

（3）以往关于农户参加养老保险行为的研究多为对农户参保意愿及其影响因素的探讨，而本书将农户新农保参加和缴费行为纳入同一个研究框架，研究农户新农保参加和缴费的影响机理，并讨论"捆绑条款"在其中的作用，具有较强的现实意义和新意。

## 二 不足之处

由于受到客观数据以及笔者的精力和研究能力等方面的限制，本书也存在一些不足之处，主要表现在以下三个方面：

（1）缺乏时序数据。本书使用的微观数据是一年的家庭抽样调查数据，而横截面数据很难反映各个因素在时间上的变化趋势。

（2）由于数据所限，关于农户新农保参加和缴费行为影响因素的探讨主要以家庭为单位，重点考察经济因素在其中的作用，非经济因素考虑较少，如：农户的性别、年龄等个人特征因素和对新农保制度的认知情况等。

（3）本书中关于新农保的收入再分配效应和社会福利效应预测的相关结论是在假设今后新农保的政策规定、参保人员缴费行为、宏观经济状况等条件较为稳定的情况下测算出来的，并未考虑参保人员的缴费档次变化、利率变化以及通货膨胀等因素，如果这些前提条件有所改变，那么测算结果也会有相应的变化。

## 第五节　本书结构安排

本书共分为八章，第一章和第二章主要是提出研究的问题，对相关理论和相关研究进行简要梳理与回顾。第三章构建了本书分析框架，对研究使用的数据进行详细介绍。第四章对我国农村社会养老保险的制度变迁、当前农户养老观念描述和农户对新农保的主观评价进行描述。实证分析集中于接下来的第五、第六、第七章，第五章实证分析了新农保的收入再分配效应和社会福利效应；第六章实证分析了新农保养老金收入对农村老人劳动供给的影响；第七章实证分析了农户新农保参加和缴费行为的影响因素。第八章对本书的结论进行归纳并在此基础上提出完善新农保制度设计的政策建议。具体的章节安排如下：

第一章：导言。首先阐述研究背景与研究意义，并在此基础上提出要研究的问题，确定本书的研究目标、研究假说与研究内容，并据此制定本书的技术路线，归纳本书可能的创新与不足，介绍本书的结构安排。

第二章：理论基础与文献综述。主要对相关理论和相关研究进行简要梳理与回顾。

第三章：中国农村养老体系的演变与新农保制度。介绍中国农村社会养老保险的制度变迁及实施现状，对当前中国农村养老保障面临的形势进行研判。

第四章：分析框架、数据来源与制度评价。主要建立新农保福利效应研究以及农户新农保参加和缴费行为的分析框架，并介绍本书的数据来源，同时对当前农户养老观念和对新农保制度的主观评价进行描述。

第五章：新农保社会福利效应的测算与分析。运用基尼系数和社会福利指数从宏观层面评价新农保的收入再分配效应和社会福利效应，并对新农保在改善农村居民收入差距和提高农村社会福利水平方面的作用变化趋势进行了测算和分析。

第六章：新农保制度对农村老人劳动供给的影响分析。运用 Tobit 模型，从微观层面考察新农保养老金收入对农村老人劳动供给的影响，并讨论新农保养老金对不同类型农村老人劳动供给的影响，以此评价新农保对农村老人福利的影响。

第七章：基于微观视角的新农保制度可持续性分析。借助 Heckman 两阶段模型从微观层面对农户新农保参加和缴费行为的影响因素进行实证分析，探讨农户参保缴费的可持续性，并讨论"捆绑条款"对农户新农保参加和缴费行为的影响。

第八章：结论及政策建议。在对本书研究结论简要归纳的基础上，基于可持续实施的视角，提出优化新农保制度设计的相关政策建议。

# 第二章 理论基础与文献综述

本章分为三部分，首先对本书所涉及的重要概念进行解释和界定；其次对本书所依据的相关理论进行阐述和推演，为后续建立相关模型进行实证研究做铺垫；最后综述学术界关于养老保险的收入再分配效应和社会福利效应的争论、养老保险与农村老人劳动供给行为之间关系的争论以及农户参加养老保险行为影响因素的争论，并在此基础上提出本书的切入点。

## 第一节　概念界定

在日常研究工作中，任何一门学科研究的起点均要从概念的界定出发。对于社会科学而言，大量问题在学术界尚未达成统一的认识，很多概念仍存在争议，加之中国汉语具有丰富的内涵，使得不同学者可能会用不同的词汇来表达同一个概念，或用同一个词汇来表达不同的概念。通过观察可以发现，在众多的学术争论中，争论的源头在很大程度上都来自于各方在概念上的模糊或混淆，因而为了便于读者准确理解本书的研究对象和研究思路，同时也避免引起不必要的争论，下文就针对本书涉及的相关重要概念给出明确的定义，界定其内涵与外延。

### 一　新农保

在中国农村地区，社会养老保险制度由来已久，早在 20 世纪 70 年代国家便开始了对农村社会养老保险的探索工作，其间经历过起起伏伏，一直未能形成一个稳定的制度并在全国范围内广泛实施。直到 2009 年国家决定以"广覆盖"为目标开始在部分地区实施新型农村社会养老保险的试点工作，标志着中国农村社会养老保险制度的发展进入了一个新的阶段。尽管 2014 年 2 月，国家决定将新农保与城居保这两项制度合并实施，从制度设计来看，新制度基本上沿用了新农保的制度框架，只是将个人缴费标准进行了适当提高，但从筹资方式、待遇标准和养老金发放方式来看，与当初《指导意见》中的相关规定差异不大。因此，本书所指的新农保即为新型农村社会养老保险的简称，是以国务院 2009 年 9 月颁布的《指导意见》为制度框架，而把新农保之前的农村社会养老保险制度统称为旧农保。

在《指导意见》中，对新农保制度的描述如下："是以保障农村居民年老时的基本生活为目的，建立个人缴费、集体补助、政府补贴相结合的筹资模式，养老待遇由社会统筹与个人账户相结合，与家庭养老、土地保障、社会救助等其他社会保障政策措施相配套，由政府组织实施的一项社会养老保险制度，是国家社会保险体系的重要组成部分。"

### 二　新农保制度可持续性

由于新农保采取的是政府补贴、集体补助和个人缴费相结合的筹资机制，《指导意见》中关于政府补贴和个人缴费均有明确规定，而对集体补助的具体标准和补贴方式未做明确要求。在《指导意见》中提道："有条件的村集体应当对参保人缴费给予补助，补助标准由村民委员会召开村民会议民主确定。鼓励其他经济组织、社会公益组织、个人为参保人缴费提供资助。"在这种情况下，关于新农保制度的可持续实施主要取决于两个方面：政府补贴的可持续性和个人参保缴费的可持续性。目前关于新农保政府补贴的可持续性已有部分学者进行了相关研究并且普遍认为各级政府财政有能力支持新农保制度的发展（曹信邦、刘晴晴，2011；薛惠元，2012；杨翠迎等，2013），因此，在综合现有学者研究成果的基础上，笔者认为新农保制度可持续性的关键在于农户参保缴费的可持续性，而本书关于新农保制度可持续性的探讨也主要围绕农户参保缴费的可持续性来展开。

### 三　农村老人劳动供给

根据国家相关政策规定，通常情况下城镇职工的法定的职工退休年龄为：男年满 60 周岁，女工人年满 50 周岁，女干部年满 55 周岁[①]。新农保

---

① 参考《国务院办公厅关于进一步做好国有企业下岗职工基本生活保障和企业离退休人员养老金发放工作有关问题的通知》（国办发〔1999〕10 号）和劳动和社会保障部 1999 年 3 月 9 日发布的《关于制止和纠正违反国家规定办理企业职工提前退休有关问题的通知》（劳社部发〔1999〕8 号）。

关于符合养老金待遇领取条件的对象规定为"年满 60 周岁、未享受城镇职工基本养老保险待遇的农村有户籍的老年人",因此,在本书中,农村老人特指年满 60 周岁、具有农村户籍的老年人,不包括在农村居住和生活但具有城镇户口的老年人。

通常而言,农村老人的劳动可以分为农业劳动、非农劳动以及家务劳动,而本书通过对中国农村老人经济来源进行分析后发现当前有半数以上的男性老人以及接近三分之一的女性老人以劳动收入为主要的经济来源,因而本书不考虑农村老人的家务劳动和以休闲为目的的劳动,将农村老人的劳动供给主要分为三个方面:农业劳动、本地非农劳动和外出就业劳动。

### 四　收入再分配

国民收入分配是指将国民经济在一定时期内创造的国民收入(即国民生产总值)按特定的方式在政府、企业和居民个人之间进行分割。在市场经济体制下,国民收入分配包括两个基本层次:初次分配和再分配。

收入初次分配指国民总收入在生产部门进行的与生产要素直接相联系的分配。初次分配是通过市场机制进行,其分配的原则是依照生产要素对总产出的边际贡献程度来分配收入。在市场经济条件下,劳动力、资本、土地和技术等是任何生产活动中必不可少的生产要素,通常而言,要获得这些生产要素必须支付一定的报酬,因而通过对生产要素提供者支付报酬则形成了收入的初次分配。由此可见,初次分配是市场竞争的结果,体现效率原则,生产要素价格由市场供求状况决定,政府一般不直接干预初次分配。由于生产要素的价格不同导致居民之间获得的报酬也不同,因而居民收入差距也主要从初次分配中产生。经过初次分配,国民收入可以分为三个部分:国家收入、企业收入和居民个人收入。

收入再分配是指在初次分配的基础上,政府通过税收和政策等措施调节各收入主体之间现金或实物的分配,也是对居民收入再次调节的过程。收入再分配是对收入初次分配中产生的不合理之处进行修正,以保证低收入者得到一部分转移性收入,它更加注重公平性。国家财政既参与国民收入初次分配,又被政府作为收入再分配的主要工具。国家财政通过参与国民收入初次分配来取得预算收入,同时,国家财政将在初次分配中集中的那一部分国民收入,通过经常性预算和建设性预算分配各种用途,来对国民收入进行再分配。通常而言，提供社会保障是政府对国民收入进行再分配的一种重要方式，通过税收和政府转移支付等方式来实现社会成员的部分收入再分配。

## 第二节 理论基础

本书研究的主要内容为分析农户新农保持续参加和缴费行为以及新农保的福利效应。围绕本书的主要研究内容进行深入研究，需要多领域的理论支撑。本节对农户行为以及社会养老保险的福利效应和收入再分配效应的相关理论进行梳理，在拓宽理论视野的同时，为本书寻求理论支撑。

### 一 农户行为理论

自从亚当·斯密在1776年出版的《国富论》中首次提出了"经济人"假定，开启了对人类行为理性的研究，此后学术界围绕人类行为理性的争论从未停止过。关于农户行为理论的争论，主要有三大主流观点：第一种观点是认为农户生产经营的目标是为了在最大程度上使自身和家庭成员的生活需要得到满足，因而农户通常追求农业生产风险的最小化；第二种观点是认为农户生产经营的目标是为了有效配置资源，因而他们追求利润的最大化；第三种观点是两种观点的综合，即认为农户既要满足生计需要又要追求利润最大化。基于上述三种观点，形成了农户行为理论的三大主要学派。

1. 以农户坚守生存逻辑为主要观点的"组织生产"与"道义小农"学派

这一学派产生于20世纪20年代，主要的代表学者是苏联经济学家恰亚诺夫（A. V. Chayanov）。该学派主要围绕农业经济结构与家庭农场生产组织等问题来展开分析，该学派主要有两个核心观点：一是在"小农"社会中，农村经济的发展主要依靠农户自身劳动力，而非雇佣劳动力；二是满足自身和家庭成员的生存和消费需要是农户进行农业生产的主要目的。由此可见，"小农"从事农业生产主要目的并非是为了追求个人利益最大化，因而他们在通常情况下会追求生产的最低风险。因此，对于广大"小农"而言，他们会在家庭的生存和消费需求与劳动付出之间进行平衡并追求最大化，而不是在成本和收益之间追求平衡，他们会持续投入劳动力直到所有家庭成员的生存和消费需要得到满足。

卡尔·波兰尼在秉承恰亚洛夫的基础上，从哲学层面与制度维度来分析"小农"行为的问题。他认为西方经济学中基于完全竞争市场和"经济人"的假设是一种"形式主义分析方法"，认为"市场只有在市场社会里才能运行"，是把"功利的理性主义世界化"。由此可见，波兰尼主张经济和社会研究要进行结合，认为应该将农户经济行为的研究进行社会化，并且重点强调农户经济行为发生的社会环境，这一观点与恰亚诺夫主要关注农户家庭生存和消费需求的满足程度具有一定的差异。

20年后，在20世纪40年代，美国学者詹姆斯·斯科特（James C. Scott）进一步扩展了恰亚诺夫的学说，并在细致考察案例的基础上提出了"道义经济"的命题。他认为"小农"经济行为的关键出发点是规避风险，农民具有较强的生存取向，因而通常选择回报率较低但更为稳妥的策略，而不会冒险去追求农业生产的利益最大化。

2. 以农户追求利润最大化为主要观点的"理性小农"学派

"理性小农"学派的代表学者是美国著名经济学家舒尔茨（Theodore Schultz），其代表作为《改造传统农业》。这一学派所持的主要观点是：传统农业中的农民与资本主义企业家一样会追求利润的最大化，他们对于市场中的价格进行灵活的反应，他们在其农业生产经营中对各生产要素的配置也符合帕累托最优的原则。

在《改造传统农业》一书中，舒尔茨提出了著名的"贫穷而有效率"的观点：在传统农业中的农民尽管比较贫穷，但却是理性的，他们在农业生产经营中对各种资源的配置具有效率。他们通常会对市场的需求和机会进行独立的判断，并在此基础上结合现实的资源禀赋来追求利润的最大化。此外，舒尔茨认为传统农业的发展停滞不前并非因为"小农"缺乏进取心和缺乏自由竞争的市场环境，而是因为要素投入的边际收益递减，"小农"只有在投资收益下降的情况下才会停止进一步投资（Schultz，1964）。因此，改造传统农业需要进行现代技术要素的投入，只要通过现代技术要素投入能够使农户在农业生产经营中获取利润，他们便会与资本家一样去追求利润最大化。

除舒尔茨外，波普金（Samuel Popkin）是该学派的另一位重要代表学者，其代表作为《理性的小农》。在该书中，波普金对"理性小农"中"理性"的范畴进行了进一步延伸，他的主要观点是：农户是追求个人或家庭福利最大化的"理性人"，他们能够根据个人的偏好和价值观来对其行为所产生的后果进行评估，并且通常评估会作出他们认为能够达到效用最大化的选择（Popkin，1979）。建立在原有的"经济理性"和"期望效用最大化"这两个假设条件的基础上，波普金提出了一种新的"公共选择理论"来解释农民的行为。

3. 以"过密化"学说为主要观点的历史学派

除上述两个学派，关于农户行为理论还有一个学派是以华人学者黄宗智为代表的历史学派。黄宗智（1986）在分析了 20 世纪 30 年代到 70 年代中国农村经济的发展状况后提出：在中国，农户的经济行为一方面受"市场经济"运行状况的影响；另一方面又受"家庭劳动结构"现状的制约。此外，由于当前农民在中国的社会地位相对较低，这也会在一定程度上影响其经济行为。这种情况下，黄宗智认为关于中国农户的经济行为则不能单纯用之前任何一种农户行为理论来进行解释。由此可见，黄宗智的理论是一种相对折中的观点，他在科学分析中国处于不同社会阶层的农户的经济行为后认为："劳动消费均衡"理论更适合解释"家庭式农场"，而"利润最大化"理论更适合解释"经营式农场"。针对恰亚诺夫的观点，黄宗智也表达了自己的不同观点："'小农'家庭在边际报酬十分低的情况下继续投入劳动力，可能只是由于小农家庭没有相对于边际劳动投入的边际报酬概念，因为在他们心中，全年的劳动力投入和收成都是不可分割的整体。耕地面积不足带来的生存压力会使得劳动投入达到较高的水平，直至劳动力投入的边际产品接近于零"。以上即为著名的"过密化"学说（黄宗智，1992）。在此基础上，他指出 20 世纪 80 年代中国农村改革就是一种"反过密化"的过程。

4. 关于中国农户行为的理论研究

近年来，国内学者也针对中国农户行为是否理性的问题进行了大量的研究，他们普遍认为中国农户的行为是理性的。林毅夫（1988）认为，中国农户的行为是理性的，可以用现代经济学的方法来研究农民问题。同时，农户的理性行为会受到信息搜寻费用、外部经济条件以及主观认识能力的多重制约。史清华（2000）采用山西农村固定观察点数据对农户行为进行了实证分析，研究发现农户的资源配置行为满足资源利用比较效率优先配置的原则，因此，他认为不论是在传统农业时期还是在现阶段，农户的经济行为是比较理性的。

综上所述，以上三个学派之所以会产生不同的观点，可能是由于研究对象、研究方法、所处的时期以及当时的经济政策环境等因素的不同而造成的。在我国，农村资源禀赋结构的独特性也必然会造成农户行为的特殊性，单一的经济理论无法很好地解释农户行为的全部现象，中国农户经济行为研究的基本假设可以借鉴国外农户行为理论分析中的有益方法，但在研究的理论假设问题上，我们应该充分结合中国农村的实际情况进行研究。因此，本书中关于农户参保行为和农村老人劳动供给行为的研究将在借鉴上述相关理论的基础上，以"理性经济人"假设为前提，充分结合中国农村的实际情况展开分析。研究在追求收益极大化的目标下，农户在进行新农保参保决策时，是否参保和选择何种缴费档次，以及探讨当前新农保养老金收入对农村老人是否从事劳动、从事何种劳动及其劳动时间等决策的影响。

### 二 劳动力供给理论

劳动力供给是指参与到劳动力市场的人口数量，衡量一国宏观经济中劳动力供给多少的一个重要指标是劳动力参与率，指劳动力人口占劳动年龄人口的比例，它反映人们的就业意愿。在人口规模和年龄结构一定的情况下，劳动力参与率越高，劳动力供给的数量就越大。不同类型劳动力的参与率会不同，并会随着时间和经济环境的变化而变化。

劳动时间是除劳动力参与率之外的另一个劳动力供给指标，它对生产起实际作用。即使劳动力总数量增加，而如果单位劳动者的劳动时间缩短，真实的劳动供给也并不一定会增加，这就是劳动供给与劳动力供给二者之间的区别。如果在劳动者工作努力程度和劳动时间不变的状况下，劳动力供给可以作为劳动供给的一个替代指标。

对于单个劳动者而言，其从事工作的一个重要动机便是获得报酬，因此，接下来主要考察为获得更高收入而参加工作的劳动者的劳动力供给行为。

1. 决定是否工作

假定一个劳动者只能在工作与闲暇之间进行选择，即其效用函数可表示为 $U = U(G, L)$，$G$ 为由工作收入可带来的商品和服务数量，$L$ 为闲暇时间。简单来看，该劳动者的效用函数可以表示为从事工作的报酬与闲暇时间的乘积，即 $U = G \cdot L$，工作报酬与闲暇时间的各种不同的组合则形成了该劳动者效用的集合。无差异曲线反映的是所有效用相等的工作收入和闲暇时间的组合，说明工作和闲暇之间存在着替代关系。由微观经济学的知识我们知道：较高的无差异曲线代表着较高的效用水平，无差异曲线是凸向原点的，存在着劳动或闲暇的边际效用递减规律。

假设劳动者的非劳动收入（Non-labor Income）为 $Y_u$，它可能来自劳动者持有的金融资产以及政府的转移支付；劳动的工资率为 $W/P$，工作 $H$ 小时的收入为 $W/P \cdot H$。则劳动者的总收入为 $I_{总} = W/P \cdot H + Y_u$，在 $W$、$P$ 和 $Y_u$ 短期不变时，要实现收入最大化，必须增加 $H$。假设劳动者可支配时间为 $T$，如果全部时间用于工作，没有闲暇，可获得最大化的收入 $I_{max} = W/P \cdot H + Y_u$，从而我们可以得出劳动者的预算线。

图 2-1 显示了劳动者是如何形成工作决定的，横坐标表示闲暇的数量，纵坐标表示非劳动收入和通过工作获得的收入。如果市场工资为 $W_0$ 时，劳动者面临的预算线为 $GE$，在这条预算线上，没有一个点可以使它获得高于 $U_0$ 的效用水平。如果劳动者从初始点 $E$（不工作，享受闲暇）移动到 $GE$ 上的任一点（即选择工作），他会面临一条较低的无差异曲线，效用水平会下降。相反，如果工资水平较高，由 $W_0$ 提高到 $W_1$，劳动者面临的预算线变成 $KE$，则线段上的许多点都能够给劳动者带来提高的效用，图 2-1 中的 $Y$ 点，参加工作时能够提高劳动者的效用水平。因此，我们会遇到这样一个工资水平 $W_0$，只有市场工资高于此工资水平时，劳动者才会选择参加工作，$W_0$ 被称为保留工资（Reservation Wage），也可以理解为我们通常所说的就业的"工资底线"，只有市场工资高于这一工资底线，劳动者才会选择工作。进一步地，可以得出以下推论：在市场工资一定的情况下，保留工资越高，劳动者就越不可能参加工作。而保留工资又是如何决定的呢？它主要受非劳动收入的影响，非劳动收入越高，保留工资越高。在保留工资一定的情况下，市场工资越高，劳动者就越可能参加工作。

2. 工作时间的决定

如果市场工资高于劳动者的保留工资，如图 2-2 所示，最优的工作时间与闲暇的组合应在无差异曲线 $U_1$ 与预算线相切的一点，也即 $A$ 点上，其对应的工作时间为 $T - H_1$，收入为 $I_1$。此时无差异曲线的斜率与预算线的斜率相等，即劳动者的边际效用替代率之比等于工资率，均衡条件是 $MU_L/MU_G = W/P$，也变为 $MU_L/W = MU_G/P$，$MU_L$ 为单位闲暇带来的边际效

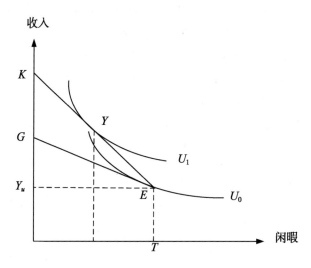

图 2 - 1  保留工资与劳动者工作决策

用，$MU_c$ 为单位商品带来的边际效用。可以将工资看作是闲暇的价格，购买一个单位闲暇的机会成本是丧失一个单位的工资 $W$，而工作收入购买商品的价格为 $P$，劳动者在工作和闲暇之间进行选择要保证最后一个单位货币获得的边际效用相等，从而劳动者的总效用实现最大化。在这里是最后一个单位工资购买的闲暇的边际效用应该与最后一个单位工作收入购买的

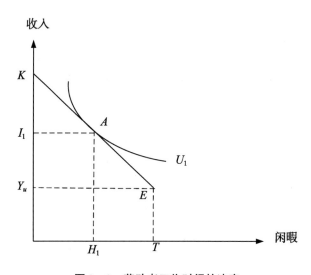

图 2 - 2  劳动者工作时间的决定

商品的边际效用相等，也就意味着闲暇和劳动之间的时间分配比例是最优的。若 $MU_L/W > MU_G/P$，说明闲暇的边际效用更大一些，劳动者会选择少工作，多享受闲暇，直到实现 $MU_L/W = MU_G/P$ 为止。相反，若 $MU_L/W < MU_G/P$，劳动者会选择多工作而少享受闲暇，直到实现 $MU_L/W = MU_G/P$ 为止。

　　上面的分析表明劳动力供给时间取决于个人偏好（无差异曲线的形式）和市场真实的工资率（预算线的斜率）以及非劳动收入（截距项 $Y_u$）。一般来说，当市场工资水平上升时，劳动力供给就会增加；工资下降时，劳动力供给就会下降。当非劳动收入提高时，人们一般会选择减少工作时间、增加闲暇时间。①

　　工资上升导致劳动力供给增加，其中又包含着两个效应：替代效应（Substitution Effect）和收入效应（Income Effect）。如图 2 - 3 所示，当工资从 $W_1/P$ 上升到 $W_2/P$ 时，预算线由 $I_1$ 变为 $I_2$，均衡点就从 $A$ 点移动到 $B$

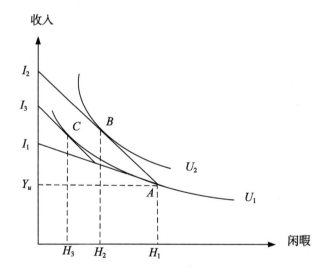

图 2 - 3　工资上升的替代效应与收入效应

点，意味着劳动者工作时间增加。假定劳动者的效用水平不变，无差异曲线仍为 $U_1$，工资的上升使得工作与闲暇之间的相对价格出现了变化。$I_2$ 是新的预算线，$I_3$ 与无差异曲线 $U_1$ 相切于 $C$ 点，其对应的闲暇时间为 $H_3$。这说明在工资上升时，劳动与闲暇的相对价格比上升，闲暇的机会成本上

---

①　但是如果闲暇是劣质品，不能增加人们的效用时，人们反而会选择增加工作时间。

升，而在真实收入不变的情况下，劳动者会提供更多的劳动，劳动时间增加 $H_1 - H_3$。这种有相对价格变动引起劳动力供给变化的效应是替代效应，它说明当工资变化而效用水平不变时劳动力供给所发生的变化。

而收入效应反映的是由工资变化引起收入变化，从而对劳动力供给产生的影响，这时，工作与闲暇的相对价格不变。工资上升引起收入提高，将使劳动者选择少工作而不享受闲暇，将闲暇也看作是一种商品，且只有在收入提高的情况下才有能力支付。这样，劳动者的效用水平得到提高，无差异曲线就从 $U_1$ 上升到 $U_2$，从而形成了新的均衡 $B$，也即增加 $H_2 - H_3$ 单位的闲暇时间。

### 三　最优再分配与风险分摊理论

福利经济学作为经济学的一个重要分支，是社会保险经济学的理论基础，它关注的是如何通过合理地配置社会资源来实现社会福利的最大化。社会资源的配置包括两种形式：一种是通过竞争性市场进行资源配置，在竞争性市场中企业和个人按照各自的目标来进行生产、投资、交换和消费，其中企业的目标是实现利润最大化，个人的目标是实现个人福利最大化；另一种资源配置方式就是政府通过制定公共政策进行的收入再分配，以此调节社会中存在收入差异的不同个体的福利水平，进而实现社会福利的最大化，而社会福利是社会中所有个人福利的某种形式的汇总。竞争性市场强调资源配置的效率，而政府的收入再分配强调资源配置的平等，福利经济学就是研究如何将两种资源配置方式进行有效结合，兼顾平等和效率两个方面，实现社会福利的最大化。社会保险政策产生的目的就是为了推动社会公平，提高全民的社会福利，所以福利经济学必然成为研究社会保险政策效果、分析如何设计最大化社会福利的社会保险政策的重要理论工具。

最优再分配与风险分摊理论认为建立养老保险的主要目的是为了解决老年人口的贫困问题。该理论的出发点是：自由市场产生的收入分配结果可能会导致部分老年人口贫困的问题，也就是说依靠市场自身所产生的收入分配结果可能并不能成为"社会可接受"的。由于完全依靠市场来解决老年人口的贫困问题具有不确定性，因而有必要建立养老保险制度来解决这一问题。Mirrless（1971）的模型对以上理论作了很好的解释，其认为养老保险制度的收入再分配功能可以确保整个社会的福利最大化，因而养老保险制度是社会福利函数最大化的结果。但由于可能出现搭便车的问题，因而养老保险制度应该由政府强制实施。之后，Pampel 和 Williamson（1989）指出，工业化进程在加快经济增长的同时也使年轻一代同年老一代的收入差距进一步加大，这种情况下也就更加需要政府采取措施来改善代际收入再分配，然而笔者并未提出这种收入再分配的政策应该如何制定和执行。

此外，这一观点并未解释当前存在的许多现实现象。首先，它不能解释为何养老金的发放数量不和个人资产数量挂钩，为何个人的养老金水平是个人年轻时劳动收入的递增函数等。也就是说养老保险体系和其他减少贫困的政府福利项目之间存在许多明显的差异。其次，该理论对于养老保险体系所造成的引致退休效应[①]并不能给出一个合理的解释。

然而，我们也可以从另外一个视角来探讨养老保险制度的福利效应，即风险分摊的视角。Merton（1983）认为我们可以把养老保险体系解释为一种风险分摊机制。个人通过对自身进行人力资本投资，可以在未来获得人力资本回报，如果个人的人力资本回报在未来存在不确定性，那么个人的劳动收入也将具有不确定性。值得注意的是，在市场经济条件下，人力资本具有不可交易性，并且关于人力资本投资回报也尚未出现一种保险机制，同时也尚未出现一种市场机制可以在不同的人群中分散投资风险[②]。这种情况下，养老保险则可以提供这样一种机制，如果我们将一个人一生的劳动收入看成是他对自身人力资本投资的回报，一般而言，个人获得的退休金与他一生的劳动收入成正相关。由此可见，养老保险体系在一定程度上可以作为个人一生收入的保险，因此，我们将养老保险体系解释为一种最优的风险分摊机制。

## 第三节　文献综述

### 一　关于养老保险收入再分配效应的研究

关于社会养老保险的收入再分配问题，国外已有较多学者进行了相关研究，其中，Diamond（1977）、Boskin et al.，（1987）、Rochet（1991）、

---

① 引致退休效应：相对没有受保障的人，受到制度保障的人具有更早退休的激励（更倾向于提前退休），而提前退休会导致预期退休时间的延长，这就需要在退休之前积累更多的储蓄。这种现象被称为"引致退休效应"。

② 对于股票等资产，个人可以进行分散化的投资来分散风险，而人力资本在本质上却是不可交易的，所以分散化投资的策略并不能解决其风险分散化的问题。

Sinn（1995）、Cubeddu（1998）、Casamatta et al.，（2000）、Tabellini（2000）、Boadway（2006）等学者都认为通常而言现收现付制的养老保险制度既具有代际收入再分配功能又具有代内收入再分配功能，但理论上并非所有现收现付制都能实现代内收入再分配。一般而言，劳动者按照其收入的一定比例进行养老保险缴费，因而养老金的发放方式则会影响养老保险制度的收入再分配功能。如果养老金的发放较为平均，则会造成高收入人群的养老金替代率较低、低收入人群养老金替代率较高的现象，进而实现了财富从高收入人群向低收入人群转移，这种情况下养老保险实现了代内收入再分配；另一种情况下，如果同样按照劳动者收入的一定比例来发放养老金，则这种养老保险制度难以实现代内收入再分配。

目前国内关于社会养老保险收入再分配问题的研究主要集中在关于城镇职工社会养老保险收入再分配效应的探讨上。国内用定量方法研究这个问题的文献中，比较有代表性的是杨震林和王亚柯（2007）、彭浩然和申曙光（2007）、何立新（2007）、张世伟和李学（2008）、徐梅（2008）、王晓军和康博威（2009）的相关研究。在定量研究中，学者们通常采用的分析方法或工具主要包括洛伦兹曲线、基尼系数、阿特金森指数、保险精算方法等。

杨震林、王亚柯（2007）利用收入分配课题组 2002 年城镇住户的调查数据，利用基尼系数的指标估算了企业职工家庭的养老金财产对财产分布的影响，研究结果表明养老金收入对中国城镇地区企业职工家庭的财产分布具有较强的再分配效应。徐梅（2008）利用中国家庭营养健康调查数据（CHNS），分别以居民在退休期起始年份的家庭收入以及退休期起始年份与结束年份的平均家庭收入为标准计算了基尼系数，通过对计算的两个基尼系数进行比较发现养老保险在长期内对缩小居民收入差距的作用不明显。王晓军、康博威（2009）采用统计模拟和精算方法，用洛伦兹曲线对不同就业类型、收入水平、性别、缴费年限、寿命的人群因城镇社会养老保险制度安排所产生的收入再分配效应进行了测算和分析，结果表明我国现行的社会养老保险制度安排存在明显的从高收入人群向低收入人群的收入再分配。

此外，还有部分学者讨论了 2005 年《国务院关于完善企业职工基本养老保险制度的决定》实施后对居民收入差距影响的变化。彭浩然、申曙光（2007）利用保险精算方法研究得出，养老保险改革将会增强基础养老金水平与个人缴费水平之间的关联性，进而会对养老保险的代内收入再分配作用进行一定的削弱并且可能会引起严重的代际不公平。而何立新（2007）则得出了相反的结论，该学者利用微观调查数据，对城镇参保职工在1997年和2005年养老保险制度下的终生养老金纯收益分别进行了估计，并对城镇社会养老保险制度改革的收入再分配效应进行了定量分析，研究结果表明，2005年改革后的养老保障制度有加剧贫富差距的现象。张世伟、李学（2008）也具有类似的观点，他们采用《吉林统计年鉴》的数据计算了2005年前后的基尼系数，得出2005年新养老保险制度实施后的养老金基尼系数略高于新养老保险制度实施前的养老金基尼系数，因此，新养老保险制度具备更强的收入再分配功能。

在全国统一的新农保试点工作开始前，已有学者从公平的视角对地区性农村社会养老保险模式对农户收入差距的影响进行了探讨。赵德余、梁鸿（2007）通过对发达地区不同农村社会养老保险制度模式进行比较分析后得出，无论是上海模式，还是江苏阜宁模式，政府的补贴政策或倾斜政策都是对经济条件较好的群体更为有利，而养老保险制度很难覆盖那些处境不好或低收入群体，从而导致他们不能享受到政策的利益。因此，该学者认为当前各地试点的农村养老保障制度缺乏一定的公平性。

由于新农保试点实施年限较短，目前学术界关于新农保收入再分配效应的研究较少。黄丽（2009）以中山市农村养老保险为研究对象，采用保险精算方法，运用替代率和净转移支付现值指标，研究发现农民参加农村养老保险的总收益高于总缴费，因此中山市农村养老保险能够实现收入从城镇居民向农村居民转移，但遗憾的是该文的研究对象是地方探索性的"农保"，其政策与国家推行新农保政策也存在一定的差异。此外，王翠琴、薛惠元（2012）和任雅姗、戴绍文（2013）均根据新农保的政策规定分别构建新农保净转移额计算模型和新农保净转移额与转移率相结合的模型，对新农保制度的收入再分配效应进行了测算和分析，认为缴费年限、缴费水平、寿命、性别对新农保再分配效应有显著影响。

## 二 关于养老保险与农村老人劳动供给行为的研究

长期以来，中国农村经济的发展较城镇相对滞后，农民收入较低，使得大量农村老人一生无积蓄或储蓄较少。在新农保全国范围内大面积试点之前，绝大多数农村地区的社会养老保障程度较低，农村老人普遍依靠从事农业生产来获得生活保障，因此只要身体条件允许，农村老人便不会退出农业生产劳动。

随着中国工业化和城镇化进程的逐步推进，大量的农村青壮年劳动力向城镇及非农产业转移，导致农业劳动力高龄化趋势日趋严峻。据相关统计资料显示，我国农业劳动力年龄日益增大，1990 年农业劳动力平均年龄为 36.8 岁，2000 年增加到 40 岁，2010 年则超过 45 岁[①]。当前，我国农业的比较收益相对较低，年轻人从事非农劳动的能力和报酬较老年人高，因而其从事农业劳动的机会成本较老年人更高。因此，有学者认为当前我国农村老人仍然普遍从事较多农业劳动是农户家庭收益最大化的一种理性选择（周春芳，2012）。

基于以上情形，目前的研究主要集中在劳动力转移这一因素对农村老人农业劳动供给的影响。庞丽华等（2003）以年龄在 50 岁及以上的农村居民为研究对象，利用抽样调查数据，对影响农村老人劳动供给的因素进行了实证分析，研究结果表明，子女外出务工将会使农村老年人的农业劳动参与率显著提高。吴海盛（2008）利用微观调查数据同样得出了子女外出务工会提高农村老人参与农业劳动概率的结论。

此外，还有部分学者从不同的视角探讨了劳动力转移对农村老人劳动供给的影响。白南生等（2007）将子女外出务工对农村老人农业劳动供给的影响分为直接效应和间接效应两个方面，关于直接效应，子女外出务工将会导致农村老人农业劳动参与率增加；而关于间接效应，子女外出务工可能对农村老人带来现金转移，进而导致老人农业劳动参与率下降，综合来看，子女外出务工使农村老人农业劳动参与率上升 5.8 个百分点。基于类似的研究视角，李琴和孙良媛（2011）研究得出的结论不尽相同，虽然整体而言，家庭成员外出就业会导致农村老年人农业劳动时间显著增加，但家庭成员外出就业所引起的"替代效应"处于主导地位，外出就业收入所带来的"收入效应"的影响并不显著。此外，李琴和宋月萍（2009）从地区差异的视角探讨了劳动力转移对农村老年人农业劳动供给的影响，研究表明，虽然劳动力转移将会导致农村老年人农业劳动时间的增加，但这种影响具有地区差异，在中部、西部地区，农村劳动力以跨省转移为主，子女外出就业将会使老人农业劳动时间显著增加，而在沿海地区，农村劳

---

① 数据来源：《中国人口统计年鉴 2002》和《中国人口年鉴 2011》。

动力以省内转移为主，子女外出就业对老人农业劳动时间的影响并不显著。

然而，有部分学者以发达地区为例得出了劳动力转移将会显著减少农村老人农业劳动供给或者对农村老人农业劳动供给的影响不显著的研究结论。胡瑛（2010）以江苏省为例，研究得出劳动力转移显著减少了农村老人的农业劳动时间，可能的原因是：调查地区的农机化水平较高和农业雇工较为普遍，劳动力转移通常会获得较高的非农收入，从而可以在农业生产中更多地使用农机和雇工，进而降低老人的农业劳动负担。周春芳（2012）同样利用江苏省的实地调查数据，得出了劳动力转移并未显著增加调查地区农村老人农业劳动时间的结论。

除劳动力转移的视角外，还有部分学者分别从地区差异和性别差异（李琴、郑晶，2010）、健康（刘生龙，2008；谭娜、周先波，2013）、制度保障和心理因素（李成波、陈功，2012；廖少宏、宋春玲，2013）等视角研究了影响农村老人劳动供给的因素。

国外学者普遍认为养老金是影响劳动者劳动供给的一个重要因素。养老金收入可能具有"退休效应"，即未来较高的养老金收入可能导致人们提前退休（Feldstein，1974；Kotlikoff，1979；Samwick，1998）。早期国外较多学者的研究结果表明，现收现付养老金制度对于劳动力市场参与率具有较大的负面影响（Kopits & Gotur，1980；Yamada，1990）。Favreault 等人（1999）也认为养老金的缺失使美国老年人继续劳动的概率显著增加。

由于在实施新农保之前中国农村地区的养老金覆盖率较低，因而以往较少学者研究养老金收入对农村老人劳动供给的影响，并且仅有的少数研究由于研究方法和样本选择的差异，研究结论也不尽相同。庞丽华等（2003）以农村 50 岁及以上年龄人口为研究对象，利用六省调查数据，运用 Probit 回归分析得出有无退休金对农村老人劳动（包括农业劳动和非农劳动）参与概率影响并不显著；吴海盛（2008）以农村 60 岁及以上年龄人口为研究对象，利用江苏省调查数据，运用 Logit 回归分析得出了类似的结论；但白南生等（2007）以农村 50 岁及以上年龄人口为研究对象，利用安徽省的调查数据，运用 Probit 回归分析得出退休金收入将会显著降低农村老人参与农业劳动的概率。

### 三 关于农户养老保险参加行为的研究

在新农保试点前，我国农村社会养老保险的覆盖面较小，并且各地的相关政策也不统一，因而关于农户参加养老保险行为的研究较少。从宏观层面来看，农民对社会养老保险制度有着巨大的需求，但由于中国的特殊国情，这种制度的需求又呈现出由于经济发展水平的不同而导致的地区差异以及个人消费观念不同导致的个体差异等特征（田凯，2000）。在新农保试点前，从微观视角探讨农户参保行为的相关研究主要是围绕农户的参保意愿来展开分析，乐章（2004）以调查数据为基础，基于养老保险参加意愿和保险水平选择两个层面的考察发现，农户对农村社会养老保险的需求非常迫切，即使是在完全由个人缴费的情况下，他们仍然具有较强的参保意愿，并且农户的参保意愿受个人、家庭、社区等多层面因素的影响。吴罗发（2008）采用江西省的抽样调查数据，通过 Logit 回归分析得出影响农户参加社会养老保险意愿的主要因素有教育水平、家庭劳动力比重、家庭人均纯收入、耕地面积等。张红梅等（2009）利用 12 省的调查数据，研究得出教育水平、家庭经济条件、对养老保险的了解程度与养老保险的筹资和运作方式是影响农户参加社会养老保险的意愿的重要因素，并在此基础上强调，在新农保制度设计中，不仅要考虑农民的缴费能力和保障需求水平，还应重视农户的个人特征、家庭特征以及生产特征的差异。

随着新农保试点工作的开展并逐步深入，学术界从微观视角来探讨农户参加新农保的相关研究日益增多，并且将研究的主题由农户的参保意愿转向农户的参保和缴费行为。

从目前学者的调查结果来看，新农保试点地区农户的参保积极性普遍较高，样本地区的参保率大多处于 50% 以上（吴玉锋，2011；孙建东，2012；罗遐，2012）。但从参保金额来看，调查发现绝大多数农户偏向选择最低的缴费档次（鲁欢，2012；孙建东，2012；罗遐，2012）。余桔云（2011）提出了有效缴费能力的观点，采用养老保险精算模型对江西省的 11 个新农保试点县的有效缴费档次进行了测算，发现贫困地区新农保缴费档次的设置不够合理，农民可以选择的范围极小甚至于无。而如果参保人普遍选择低档次缴费标准可能带来两个方面的问题，一方面，可能导致新农保因养老金收入的替代率过低而难以有效保障农村老人的基本生活（林义，2009；李珍、王海东，2010；邓大松、薛惠元，2011）；另一方面，还可能阻滞新农保基金的积累，从而影响新农保制度的可持续实施（赵建国、海龙，2013）。这种情况下，如何引导农民积极参保并激励其选择较高档次的缴费标准成为新农保制度可持续发展的重要挑战之一。

目前，基于微观视角的农户参加新农保行为及其影响因素的实证研究中，大多将农户参加新农保行为分为"参加"与"不参加"，并以此建立二元选择模型对相关影响因素进行探讨。其中，既有学者从个人特征、家庭特征、社区等层面对农户参加新农保行为及其影响因素进行广泛考察（张朝华，2010；穆怀中、闫琳琳，2012；张红梅、马强，2012）；又有学者将研究重点集中于其中一类（或几类）的影响因素，例如，代雷锋（2010）、吴玉锋（2011）和罗遐（2012）分别就制度信任、村域社会资本和政府行为对农户参加新农保行为的影响进行了重点考察。

关于农户的经济条件与其新农保参加和缴费行为之间的关系，学者们由于样本选择的差异得出的研究结论也不尽相同。在实证研究中，学者们普遍研究得出家庭经济收入状况是影响其参加新农保的重要因素（张红梅、马强，2012；冯兰，2013；邓大松、刘国磊，2013），而与魏珊珊（2011）和顾文静（2012）的研究结论存在差异，他们认为经济因素对农民参保决策的影响不显著。穆怀中、闫琳琳（2012）通过对试点地区抽样调查数据进行分析后发现新农保对中低收入水平农户的吸引力更高，笔者给出的解释是，一方面是当前新农保的参保缴费尚未成为农民的经济负担；另一方面是当前新农保制度缺乏经济条件较好人群的吸引力。此外，有学者通过统计分析发现，家庭经济状况与农民的参保行为呈不规则的倒"U"形关系，即最贫困和最富有的家庭的农民参保意愿没有中等收入家庭高（胡宏伟等，2009；魏珊珊，2011）。学者们对此的普遍解释是：对于小部分经济较困难的农民而言，无力缴纳保费仍是制约其参与新农保的重要因素，而对于经济条件较好的农民而言，他们对养老保险保障水平要求较高，因而更愿意选择商业保险等高投入、高收益的其他方式来保障其年老后的生活水平。而有学者则得出了相反的结论，顾文静（2012）考虑农户的持续参保意愿，利用佛山市的调查数据，研究发现收入处于两极的农户的持续参保意愿较强，而收入处于中等程度的农户反而参保动力不足。

关于家庭成员结构对农户新农保参加和缴费行为的影响，通常而言，农民的家庭规模越大，越不愿意参加新农保。一方面，当农户的家庭规模较大时，农户所面临的家庭负担也会较重，从而导致其不愿参保；另一方面，家庭规模较大的农户通常子女较多，农户受"养儿防老"传统观念的影响，可能将自己未来的养老保障寄托在其子女身上（冯兰，2013）。

关于"捆绑条款"对农户新农保参加和缴费行为的影响，目前学者普遍认为"捆绑条款"在一定程度上能提高农民新农保的参与意愿（魏珊珊，2011；盛学军、刘广明，2012）。也有学者对此结论提出了质疑，鲁婷婷（2011）通过对调查数据分析得出，如果综合考虑老年人和劳动人群的参保率，捆绑政策不一定能提高农户的参保率；朱玲（2010）通过调查也得出了捆绑政策对新农保适龄人口的总体参保率无显著影响的结论。关于捆绑政策的制度效应，魏珊珊（2011）对农户的持续参保行为存在顾虑，认为基于为使父母获得养老金而选择参保的农民，其参保行为未必会表现出持续性，他们的参保往往是为获取短期利益而表现出参与意愿。此外，还有学者认为捆绑政策可能产生"逆向选择"，并对该制度的公平性提出质疑（盛学军、刘广明，2012）。

## 四　对本书的启示

综上所述，目前学术界关于农户新农保参加行为、养老保险与农户劳动供给的关系以及养老保险收入再分配效应等方面已经进行了一些有意义的研究，这些研究成果将为本书提供研究基础。此外，从现有的研究中也得到以下启示：

（1）在当前国内外有关养老保险收入再分配效应的研究中，关于养老保险是否具有收入再分配功能这一问题的认识已基本达成一致。而研究视角则不尽相同，部分学者考察了养老保险制度使得财富在不同代际间的再分配，部分学者考察了养老保险制度使得财富在高收入群体与低收入群体之间的分配，还有一些学者考察了养老保险制度使得财富在城乡之间以及不同性别之间的再分配。此外，部分研究由于所选择的样本地区不同，研究结论差异也较大。目前关于新农保收入再分配效应的研究较少，仅有的少数研究也是以某一地区为例，并且鲜有采用基尼系数或洛伦兹曲线这种在研究城镇养老保险的收入再分配效应中比较常见的指标，因而其研究结论也具有一定的局限性。因此，利用全国范围内的大样本数据来研究新农保对不同收入水平和不同地区农村居民收入分配差异的研究具有重要理论和现实意义。

（2）在目前关于养老金对农村老人劳动供给影响为数不多的研究中，主要探讨的是是否有养老金对农村老人农业劳动参与率的影响。然而，与劳动参与率相比，劳动时间更能体现农村老人劳动参与的深度。并且农村老人的劳动分为农业劳动和非农劳动两种形式，不同劳动形式的影响机理可能存在差异。此外，目前新农保政策只规定了基础养老金的最低标准，各地区可根据实际情况提高标准，因而不同地区老人的养老金数量可能存在一定差异，这种情况下，讨论养老金数量对农村老人劳动供给的影响比讨论是否有养老金对农村老人劳动供给的影响更有意义。

（3）当前关于农户新农保参保行为的实证研究主要集中于农户是否参保（或是否愿意参保）及其影响因素等方面，在农户参保率逐步扩大的现实情况下，考察农户缴费金额的影响机理显得更有意义。本书将以农民的参保和缴费行为作为研究重点，基于微观视角来研究为什么农户会在有余力的情况下选择低缴费档次，通过对农民经济条件和家庭人口特征的考察，探讨究竟有哪些因素，如何影响农户的参保和缴费选择。

# 第三章 中国农村养老体系的演变与新农保制度

人类从诞生的那天起，就面临着如何养老的问题。制定养老保险制度是人类的一大创举，它通过制度安排来解决如何分散家庭风险使人老有所养的问题。真正现代意义上的养老保险制度最早出现在 19 世纪 80 年代的德国，至今已有一百多年的历史。而中国现代养老保险体系则直到中华人民共和国成立以后的 20 世纪 50 年代，才在国有企事业单位和集体企业单位中逐步建立起来。

中国特有的户籍制度将人口分为城市人口和农村人口，长久以来，户籍制度起着控制劳动力从农村流出以及保障城市人口的充分就业的作用（蔡昉，2000）。城市人口和农村人口享有不同的权利和待遇，就业、住房、教育、医疗、养老等被认为是城市福利。中国社会养老保险体系的一个重要特征是具有鲜明的城乡二元性，在新农保实施之前，国内的社会养老保险体系实质上是一种仅限于面向城镇职工的养老保险。

## 第一节 中国农村养老保险体系的演进

中国农村养老保障形式在 20 世纪 50 年代为家庭养老，在人民公社时期是集体养老，主要对五保户、贫困家庭提供有限的社会救助。自 20 世纪 80 年代改革开放以来中国农村养老一直是以家庭养老为主，而国家对农村养老保险体系的建设未能形成统一的认识，农村养老制度一直处于分散和变动的状态。概括来说，我国农村社会养老保险制度，根据制度的内容和主管部门的不同，大致经过了三个发展阶段。第一个阶段是民政部主管下的老农保制度阶段（1978—1998）；第二阶段是由原来的劳动和社会保障部主管的新农保探索阶段（1998—2008）；第三阶段是由人力资源和社会保障部主管的新农保制度阶段（2008 年至今）。2009 年 10 月开始实施新农保制度的试点工作，并导入中央财政负担的基础养老金，标志着面向农民的社会养老保障制度开始了崭新的一页。

## 一　民政部主管的老农保阶段（1978—1998）

伴随着农村经济体制改革的进程，国家对农村社会养老保险的探索也相继开始。1978年党的十一届三中全会通过的《农村人民公社条例（试行草案）》第47条规定，对有条件的基本核算单位，主要是经济发达地区可以实行养老金制度。正是基于这一条例，具备条件的地区实施了农民退休养老金制度。据不完全统计，到1984年，中国农村老人中有80万人左右享受到了养老金。然而，这种养老金制度主要是针对集体经济组织中的农民而言的，也只有在集体经济基础较好的地区才能实行。而1984年后，随着农村家庭承包制的普遍实施，以及人民公社管理体制的解体，导致这种退休金制度无法全面展开，农村社会养老保障又一次被重新提出来。

1986年，国家第七个五年计划（1986—1990）指出："抓紧研究建立农村社会保险制度，并根据各地的经济发展情况，进行试点，逐步实行。"之后，民政部根据"七五"计划的要求开始探索在国内建立农村社会养老保险制度。在第八个五年计划（1991—1995）开端之年的1991年，民政部制订了《县级农村社会养老保险基本方案（试行）》，确立了以县级为基本单位开展社会养老保险的原则，并在江苏、山东、湖北等省开展了大范围的农村社会养老保险试点。这套方案作为农保制度实施的依据，成为农村开展社会养老保险试点工作的指导方针和规范。在1991—1992年两年的试点期间，农村社会养老保险发展成效显著，全国有近600个县开展了农村社会养老保险的试点并积累了丰富的经验（公维才，2007）。

1995年10月，《国务院办公厅转发民政部关于进一步做好农村社会养老保险工作的意见》（国办发〔1995〕51号）指出要在群众温饱问题已基本解决和基层组织比较健全的农村地区逐步建立农村社会养老保险制度。在此基础上，民政部下发了《加强农村社会养老保险基金风险管理的通知》和《县级农村社会养老保险管理规程（试行）》等一系列文件。至1997年年底，全国有26个省相继颁发了开展农村社会养老保险管理工作的地方性法规和文件，并将其纳入当地政府工作的重要内容，全国开展农村社会养老保险工作的县达2100多个，参保人数共计8000多万人。

## 二　原劳动和社会保障部主管的新农保探索阶段（1998—2008）

1998年，国务院进行机构改革，成立劳动和社会保障部，并下设农村社会保险司,农保业务也正式从民政部移交到劳动和社会保障部的农保司。而此时,国务院作出了暂停农保制度的决定,老农保进入了艰难的转折时期。1999年7月,国务院制订《保险业的整顿和改革方案》(国发〔1999〕14号),指出当时中国尚不具备全面建立农保制度的条件,对已建立的农保制度需要进行整顿,根据不同情况采取措施具备条件的要逐渐过渡为商业保险。

2002年2月,《劳动和社会保障部关于印发2002年农村养老保险工作安排的通知》(劳社厅函〔2002〕42号)中提出,"探索建立农村社会养老保险制度,与家庭赡养、土地保障、社区扶持相结合,共同保障农民老年人的基本生活","要及时关注农村社会养老保险工作的新动态,研究农村社会养老保险体系建设,并针对进城农民工、小城镇农转非人员和农村劳动者等不同群体的特点,研究设计互相可以转换的养老保险办法"。此后,一些地方根据当地的经济发展和财政状况,并结合当地农民需求开始积极探索建立地方性的农村社会养老保险制度,形成了许多具有典型特色的制度模式,比如,北京模式、中山模式、宝鸡模式等。这些模式虽有些差别,但大体特征相似,即采取个人缴费、集体补助和政府补贴相结合的筹资模式。

表3-1　　　　　　　　　中国农村社会养老保险事业发展概况

| 项目 | 类别 | 1997年 | 2000年 | 2002年 | 2005年 | 2008年 |
|---|---|---|---|---|---|---|
| 机构设置状况 | 地市级及以上机构(个) | 214 | 293 | 243 | 264 | 321 |
| | 县级机构(个) | 2046 | 1985 | 1832 | 1900 | 1955 |
| | 乡镇级机构(个) | 1985 | 18247 | 12996 | 26171 | 22746 |
| 资金运营状况 | 本年度保险资金收入(万元) | 422271 | 191630 | 324981 | — | — |
| | 其中:保费收入(万元) | 307337 | 139115 | 252284 | — | — |
| | 基金运营收益(万元) | 106951 | 52516 | 67028 | — | — |
| | 本年度保险资金支出(万元) | 57713 | 71600 | 143932 | — | — |
| | 其中:养老金支出(万元) | 33368 | 40869 | 52988 | — | — |
| | 提取管理费(万元) | 11370 | 6958 | 7716 | — | — |
| | 年末基金滚存结余(万元) | 1392702 | 1955027 | 2332083 | — | — |
| | 基金保障水平(元/人) | 186.9 | 316.7 | 427.0 | — | — |

续表

| 项目 | 类别 | 1997 年 | 2000 年 | 2002 年 | 2005 年 | 2008 年 |
|------|------|--------|--------|--------|--------|--------|
| 保障状况 | 年末在保人数（万人） | 7451.8 | 6172.3 | 5461.8 | 5441.9 | 5595.1 |
| | 全年领取保险金人数（万人） | 61.4 | 97.8 | 123.4 | 301.7 | 511.9 |
| | 人均领取保险金（元/年） | 543 | 418 | 429.4 | 696 | 1109 |

注：2005 年和 2008 年的"资金运营状况"数据无法获取。

资料来源：苑梅：《我国农村社会养老保险制度研究》，东北财经大学出版社 2011 年版。

### 三 人力资源和社会保障部主管的新农保实施阶段（2008 年至今）

2008 年，国务院进行大部制改革，将原来的劳动和社会保障部同人力资源部合并为人力资源和社会保障部。而农保制度建设也在此时进入了突破性阶段。2009 年 9 月 1 日，国务院发布了《指导意见》，确定从 2009 年起开展新农保的试点工作。截至 2009 年年底，全国共有 27 个省、自治区的 320 个县以及 4 个直辖市的部分区县正式启动新农保的试点工作。

2010 年，新农保的试点范围扩大到了全国 23% 左右的县。西藏自治区和甘肃、青海、四川、云南四省藏区县以及新疆南疆三地州及全疆边境县、国家扶贫工作重点县优先纳入国家新农保试点，结合其他省区的情况，2010 年全年新增新农保试点县 518 个。

2011 年 6 月 20 日，国家召开以"全国城镇居民社会养老保险试点工作部署暨新型农村社会养老保险试点经验交流"为主题的会议，决定要加快新农保的试点进程并启动城居保试点工作，两项工作同步推进。2011 年 7 月，国家将新农保与城居保合并为城乡居民基本养老保险并开展试点工作。截至 2011 年年底，全国共有 27 个省、自治区的 1914 个县以及 4 个直辖市部分区县正式开展新农保的试点工作，总覆盖面约为 60%，其中有北京、天津、江苏、浙江、青海、宁夏、海南、西藏八个省份已实现新农保制度全覆盖。如表 3－2 所示，2011 年年末新农保参保人数达 32643 万人，比上年年末增加 2.24 亿人，其中实际领取待遇人数 0.89 亿人。2011 年全年新农保基金收入为 1070 亿元，相比上年增长 135.9%，其中个人缴费为 415 亿元，比上年增长 84.0%；全年基金支出为 588 亿元，比上年增长 193.3%，基金累计结存 1199 亿元。① 此外，全国

---

① 数据来源：《2011 年度人力资源和社会保障事业发展统计公报》（http://www.mohrss.gov.cn/SYrlzyhshbzb/zwgk/szrs/ndtjsj/tjgb/201206/t20120605_69908.htm）。

还有 17 个省份的共 339 个县自行开展了新农保试点工作①。

表 3 - 2　　　　　　　1998—2012 年中国农村社会养老保险的实施情况

| 年份 | 参保情况 | | | 受益情况 | | | 基金积累情况 | |
|---|---|---|---|---|---|---|---|---|
| | 参保人数（万人） | 农村总人口（万人） | 农村覆盖率（%） | 领取养老金人数（万人） | 60 岁及以上老年人口数（万人） | 受益率（%） | 基金积累（亿元） | 人均积累保费（元） |
| 1998 | 8025 | 83153 | 9.65 | — | — | — | 166 | 207.10 |
| 1999 | 8000 | 82038 | 9.75 | — | — | — | 184 | 230.00 |
| 2000 | 6172 | 80837 | 7.64 | 98 | 8909 | 1.10 | 196 | 316.75 |
| 2001 | 5995 | 79563 | 7.53 | 108 | 8308 | 1.30 | 216 | 360.47 |
| 2002 | 5462 | 78241 | 6.98 | 123 | 8786 | 1.40 | 233 | 427.13 |
| 2003 | 5428 | 76851 | 7.06 | 198 | 8609 | 2.30 | 259 | 477.71 |
| 2004 | 5378 | 75705 | 7.10 | 205 | 9318 | 2.20 | 285 | 529.94 |
| 2005 | 5331 | 74544 | 7.15 | 302 | 8162 | 3.70 | 311 | 583.19 |
| 2006 | 5212 | 73160 | 7.12 | 355 | 9719 | 3.65 | 337 | 646.01 |
| 2007 | 5171 | 71496 | 7.23 | 392 | 9923 | 3.95 | 412 | 796.75 |
| 2008 | 5595 | 70399 | 7.95 | 512 | 9017 | 5.68 | 499 | 891.87 |
| 2009 | 8691 | 68938 | 12.61 | 1556 | 8562 | 18.17 | 681 | 783.57 |
| 2010 | 10300 | 67113 | 15.35 | 4243 | 9930 | 42.73 | 423 | 410.68 |
| 2011 | 32643 | 65656 | 49.72 | 8922 | — | — | 1199 | 367.31 |
| 2012 | 48370 | 64222 | 75.32 | 13075 | — | — | 2302 | 475.91 |

资料来源：1. 苑梅：《我国农村社会养老保险制度研究》，东北财经大学出版社 2011 年版；2.《人力资源和社会保障事业发展统计公报》历年；3.《劳动和社会保障事业发展统计公报》历年；4.《中国农村统计年鉴》历年；5. 2010 年"60 岁及以上老年人口数（万人）"的数据来自中华人民共和国国家统计局公布的第六次人口普查数据。

如表 3 - 2 所示，截至 2012 年年末，全国所有县级行政区已全面开展国家城乡居民社会养老保险工作，国家城乡居民社会养老保险参保人数达

①　数据来源：中华人民共和国人力资源和社会保障部网站（http：//www.mohrss.gov.cn/SYrlzyhshbzb/zwgk/szrs/qttjcl/201208/t20120802_ 66206. htm）。

4.84 亿人，比上年年末增加 1.52 亿人。其中实际领取待遇人数为 1.31 亿人。2012 年，全年城乡居民社会养老保险基金收入为 1829 亿元，比上年增长 64.8%。其中个人缴费为 594 亿元，比上年增长 41.0%。基金支出为 1150 亿元，比上年增长 92.2%。基金累计结存为 2302 亿元。①

目前，新农保和城居保工作运行平稳，参保续保和养老金发放工作有序推进。截至 2014 年年末，国家城乡居民社会养老保险参保人数达 5.01 亿人，其中领取养老金的人数达 1.43 亿人，养老保险基金累计结余 3845 亿元。②

## 第二节　当前中国农村养老保障面临的形势

即使农村社会养老保险已实施多年，但由于其覆盖面长期较低（近年来新农保覆盖面才开始迅速提升）以及保障水平有限，长期以来，家庭养老和土地保障被作为中国农村最重要的养老保障方式。然而，随着中国农村经济社会的发展，这两种重要的养老保障方式也正在逐渐发生变化，传统的农村养老保障方式已无法适应迅速变迁的农村社会发展的现实需求。在中国农村人口老龄化形势日益严峻的情势下，一方面，农村居民收入水平的不断提高，为农村社会养老保险制度的开展提供了经济保障；另一方面，传统养老保障方式的不断弱化，使农民对农村社会养老保险的主观需求变得日益迫切。

### 一　中国农村人口老龄化形势严峻

近年来，中国人口老龄化问题受到了众多学者的关注，特别是关于农村人口老龄化问题。相对于城镇地区，农村地区的养老保障无论是覆盖面还是保障水平均相对较弱，因而受到了人们的更多关注。表 3-3 给出了近十年来全国城镇和农村地区 60 岁以上人口比例、65 岁以上人口比例及老年扶养比的变化情况。从表中可以看出，无论是以 60 岁以上人口比例高于 10% 为标准，还是以 65 岁以上人口比例高于 7% 为标准，城镇和农村

---

①　数据来源：《2012 年度人力资源和社会保障事业发展统计公报》（http：//www. mohrss. gov. cn/SYrlzyhshbzb/dongtaixinwen/shizhengyaowen/201305/t20130528_ 103939. htm）。

②　数据来源：中华人民共和国人力资源和社会保障部网站（http：//www. mohrss. gov. cn/SYrlzyhshbzb/dongtaixinwen/shizhengyaowen/201505/t20150528_ 162040. htm）。

地区在十年前均已进入老龄化社会。

表3-3　　近十年（2003—2012）全国老龄人口比例及老年扶养比变化情况　　单位:%

| 年份 | 60 岁以上人口比例 | | | 65 岁以上人口比例 | | | 老年抚养比 | | |
|------|------|------|------|------|------|------|------|------|------|
| | 城镇 | 乡村 | 城乡差异 | 城镇 | 乡村 | 城乡差异 | 城镇 | 乡村 | 城乡差异 |
| 2003 | 12.48 | 11.93 | -0.54 | 8.68 | 8.39 | -0.30 | 11.70 | 12.15 | 0.46 |
| 2004 | 12.63 | 12.17 | -0.45 | 8.74 | 8.44 | -0.29 | 11.63 | 12.05 | 0.42 |
| 2005 | 12.12 | 13.73 | 1.62 | 8.49 | 9.55 | 1.06 | 11.33 | 13.94 | 2.60 |
| 2006 | 12.55 | 13.87 | 1.32 | 8.76 | 9.53 | 0.78 | 12.30 | 13.65 | 1.35 |
| 2007 | 13.03 | 14.14 | 1.11 | 9.03 | 9.62 | 0.59 | 11.93 | 13.66 | 1.73 |
| 2008 | 13.44 | 14.49 | 1.05 | 9.24 | 9.79 | 0.55 | 12.18 | 13.82 | 1.65 |
| 2009 | 14.21 | 14.75 | 0.54 | 9.62 | 9.80 | 0.18 | 13.31 | 13.73 | 0.42 |
| 2010 | 11.69 | 14.98 | 3.30 | 7.80 | 10.06 | 2.26 | 9.98 | 14.21 | 4.23 |
| 2011 | 12.05 | 16.30 | 4.25 | 7.98 | 10.87 | 2.89 | 10.27 | 14.62 | 4.35 |
| 2012 | 12.72 | 16.15 | 3.43 | 8.34 | 10.60 | 2.27 | 10.78 | 15.04 | 4.26 |

资料来源：根据《中国人口和就业统计年鉴》（2004—2013）的相关数据计算整理所得。

关于农村人口老龄化情况，从纵向变化来看，近十年中国农村地区60岁以上人口比例、65岁以上人口比例以及老年扶养比总体均呈现逐步上升的变化趋势，2003—2012年，农村地区60岁以上人口比例由11.93%上升到16.15%，农村地区65岁以上人口比例由8.39%上升到10.60%，农村地区老年扶养比由12.15%上升到15.04%。

从与城镇地区的横向比较来看，城镇地区的60岁以上人口比例、65岁以上人口比例及老年扶养比在近十年相对于农村地区的变化幅度较小。十年间，城镇地区除60岁以上人口比例小幅上升（上升幅度为0.24%）以外，65岁以上人口比例和老年抚养比均出现下降的趋势。60岁以上人口比例由2003年的乡村比城镇低0.45%变化为2012年的乡村比城镇高3.43%，65岁以上人口比例由2003年的乡村比城镇低0.30%变化为2012年的乡村比城镇高2.27%，老年扶养比由2003年的乡村比城镇高0.46%变化为2012年的乡村比城镇高4.26%。由此可见，中国农村地区的人口老龄化形势较城镇地区更为严峻。

## 二 劳动收入和家庭支持是中国农村老人的主要生活来源

1. 城乡老人的主要生活来源差异较大

中国城镇和农村地区的老人之间,以及不同性别老人之间的主要养老保障收入来源具有较大的差异。表3-4给出了2010年城镇和农村地区不同性别老人养老保障来源的统计结果。不同群体的老人间有非常醒目的差别,主要表现在以下几个方面:(1)养老金是城镇老人一个最为重要的生活来源,对于农村老人而言,养老金仍是一个微不足道的保障来源,家庭支持是农村老人一个最为重要的生活来源。(2)与城镇老人相比,劳动收入对于农村老人是一个更为重要的保障来源,是41.18%的农村老人最主要的生活保障来源。(3)从性别差异来看,不管是在城镇还是农村,家庭支持对于女性老人生活保障的重要性均高于男性老人,家庭支持成为城乡女性老人最重要的生活来源,而对于男性老人,养老金是城镇男性老人最主要经济来源,而劳动收入则是农村男性老人最主要经济来源。

2. 随着年龄上升,农村老人的生活主要来源由劳动收入向家庭支持转移

表3-5给出了不同年龄段农村老人的各种生活来源的比例。从表中可以看出,随着年龄段的上升,农村老人的生活主要来源由劳动收入向家庭支持转移,"60—69岁"的农村老人更倾向于劳动收入来满足自己的生活需求,而70岁以上的农村人则更多的是依靠家庭成员供养。不过,值得注意的是,依然有接近1/3(27%)的"70—74岁"老人将劳动收入作为他们的主要生活来源。此外,除了来自家庭成员的支持和劳动收入之外,没有其他哪项收入来源发挥着一个尤为重要的作用。

表3-4　　　　　　2010年中国城乡老人主要收入来源　　　　单位:%

| 主要收入来源 | 城镇 | | | 农村 | | |
|---|---|---|---|---|---|---|
| | 平均 | 男 | 女 | 平均 | 男 | 女 |
| 劳动收入 | 12.94 | 17.66 | 8.55 | 41.18 | 50.53 | 32.14 |
| 离退休金养老金 | 50.12 | 58.35 | 42.46 | 4.60 | 7.19 | 2.09 |
| 最低生活保障金 | 3.11 | 2.71 | 3.48 | 4.48 | 5.14 | 3.85 |
| 财产性收入 | 0.61 | 0.68 | 0.54 | 0.19 | 0.21 | 0.16 |
| 家庭其他成员供养 | 31.36 | 18.89 | 42.97 | 47.74 | 35.13 | 59.93 |

续表

| 主要收入来源 | 城镇 | | | 农村 | | |
|---|---|---|---|---|---|---|
| | 平均 | 男 | 女 | 平均 | 男 | 女 |
| 其他 | 1.86 | 1.72 | 1.99 | 1.81 | 1.79 | 1.83 |

资料来源：根据《中国人口和就业统计年鉴2011》的相关数据计算整理所得。

表 3－5　　　2010 年按年龄分组的中国农村老人主要收入来源　　　单位:%

| 主要收入来源 | 60—64 岁 | 65—69 岁 | 70—74 岁 | 75—79 岁 | 80—84 岁 | 85 岁及以上 |
|---|---|---|---|---|---|---|
| 劳动收入 | 67.17 | 49.40 | 27.00 | 15.04 | 5.77 | 3.20 |
| 离退休金养老金 | 4.05 | 4.98 | 5.21 | 4.83 | 4.52 | 3.45 |
| 最低生活保障金 | 2.45 | 3.97 | 5.78 | 6.42 | 6.86 | 6.99 |
| 财产性收入 | 0.20 | 0.21 | 0.20 | 0.16 | 0.14 | 0.12 |
| 家庭其他成员供养 | 24.75 | 39.67 | 59.70 | 71.32 | 80.54 | 84.15 |
| 其他 | 1.38 | 1.77 | 2.11 | 2.22 | 2.16 | 2.08 |

资料来源：根据《中国人口和就业统计年鉴2011》的相关数据计算整理所得。

### 三　传统农村养老保障方式逐渐变化

1. 家庭养老保障功能弱化

就农村家庭养老而言，家庭成员之间分享劳动成果，分担风险是一种有效的互助和保障。家庭养老可以看作是一种小规模的现收现付制，老人在年轻时承担对上一代的养老责任，因而没有为自己的养老而储蓄，其自身的养老依靠下一代劳动力的收入。因此，传统观念下，农民倾向于多育子女以保障老年时的收入水平及其稳定性。然而，随着农村经济的发展以及农村家庭人口结构的逐渐变化，中国农村地区传统的家庭养老保障模式也正在发生变化。一方面，由于计划生育政策的实施，我国农村较多地方形成了"4－2－1"的家庭结构，即一对夫妇需要供养4个老人和1个子女，不论是子女能够用于赡养的时间和精力，还是当前的家庭收入，都难以满足农村老人的养老需求；另一方面，农村家庭人口规模趋向小型化、核心化，导致家庭赡养老人的能力下降。此外，随着社会经济的发展，年轻人的价值观念逐渐变化，老人的独立意识不断增强，都将使老年人不愿意依靠年轻人来养老。以上因素综合作用的结果是家庭养老功能呈现不断弱化的趋势。

首先，由于中国农村人口生育率的下降，农村居民户均人口规模呈现下降的趋势。如图 3 - 1 所示，根据国家统计局的抽样调查材料，中国农村居民户均人口规模由 2000 年的 3.68 人/户下降到 2011 年的 3.20 人/户。

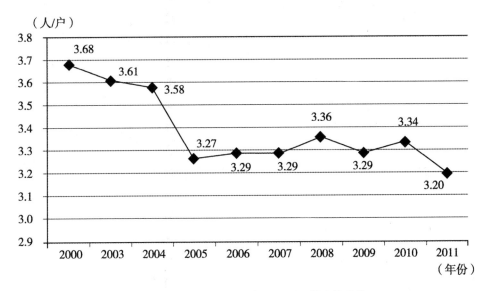

**图 3 - 1　中国农村居民户均人口规模变化趋势**

资料来源：根据《中国人口和就业统计年鉴》（2004—2012）的相关数据计算整理所得。

其次，中国农村家庭呈现小型化的变化趋势，农村家庭户规模逐步缩小。如图 3 - 2 所示，随着时间的推移，在中国农村，三人及以下规模的家庭占农村家庭总数的比重从 2000 年的 46.68% 上升到 2011 年的 60.50%，而四人家庭和五人及以上的家庭占农村家庭总数的比重分别从 2000 年的 26.47% 和 26.85% 下降到 2011 年的 19.91% 和 19.59%。

最后，中国农村家庭结构呈现核心化的变化趋势。如图 3 - 3 所示，随着时间推移，中国农村一代户占总农户的比例逐渐上升，一代户的比例从 2000 年的 18.21% 上升到 2011 年的 33.02%；二代户和三代户占总农户的比例相较逐渐下降，二代户和三代户所占比例分别从 2000 年的 59.72% 和 21.13% 下降到 45.59% 和 20.45%。

此外，农业产业相对较低的比较收益促使大量农村青壮年劳动力向城镇和非农产业转移，导致农村"留守老人""留守儿童"甚至"空巢家

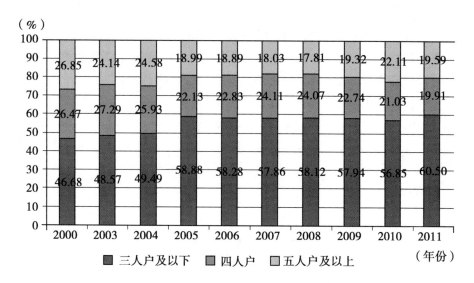

**图3－2　中国农村不同人口规模家庭所占比例变化趋势**

资料来源：根据《中国人口和就业统计年鉴》历年的相关数据计算整理所得。

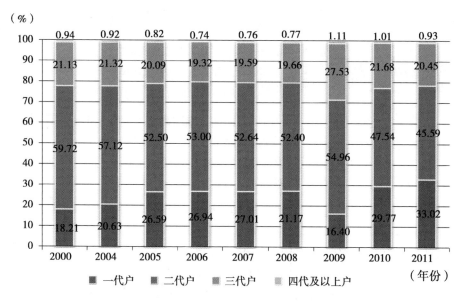

**图3－3　中国农村不同代际家庭所占比例变化趋势**

资料来源：根据《中国人口和就业统计年鉴》历年的相关数据计算整理所得。

庭"日益增多，因而较多农村老人因其子女外出就业甚至在城镇定居而不能依靠子女来解决自身的养老问题。

2. 土地保障功能的下降和衰退

在中国农村地区,长期以来,土地是农村居民的一个重要收入来源和生活保障,特别是在以农业收入为主要收入来源的农村地区,土地的保障功能则显得尤为突出。然而在学术界关于土地能否为农民提供包括养老在内的社会保障一直存在争议。有学者认为,在中国农村地区,土地足以胜任农村社会保障的职能,并且可以作为农村老年人获取收入的重要资源,因此土地充当了有效的养老保障(姚洋,1999)。然而,也有部分学者对土地的保障功能提出了质疑。在 2000 年举办的"全国社会福利理论与政策研讨会"上,王思斌认为,农民有土地就有保障的说法没有道理的,因为在不少地方农民种地不仅不赚钱反而赔钱,土地根本不能保障生活。彭希哲认为,将土地看作是对农民的保障是不公平的,用分给土地代替对农民的保障责任是推卸责任。侯岩也认为,农民一生中要面临生老病死诸多风险,在目前绝大多数农村的生产力水平之下,单靠土地收入远远不能保障农民的基本生存(常宗虎,2001)。

中国传统的农村养老对家庭拥有的土地有很大的依赖,但是就目前中国农村而言,土地的养老保障功能正在逐渐下降和衰退。主要表现在如下三方面:

第一,农村耕地面积逐年递减,难以提供有效保障。随着中国城镇化进程的加速,城镇面积迅速扩张,导致农村耕地面积逐年减少。国土资源部的报告显示,2001—2008 年,中国耕地面积从 19.14 亿亩减少到 18.257 亿亩,净减少 0.853 亿亩(图 3-4)。

不仅如此,近年来农村地区大量耕地被征用,使得农村人均耕地面积日益减少,直接导致越来越多的农民失去土地。根据有关学者研究,截至 2005 年,我国失地或部分失地农民的数量在 4000 万—5000 万人左右,且这一数字以每年 200 万—300 万人的速度递增。根据这种发展变化,在未来 20—30 年中,我国失地农民的数量将会增加至 1 亿人以上(温铁军,2013)。根据中国老龄科学研究中心的调查结果显示,中国农村老年人的人均耕地面积为 0.131hm$^2$,除去农业生产成本后,农村老年人从土地经营中获得的年人均纯收入为 433 元,而这部分收入只相当于农村老年人所有全年总收入的 19.4%。由此可以看出,土地已难以对农村老年人的生活提供良好的经济保障。

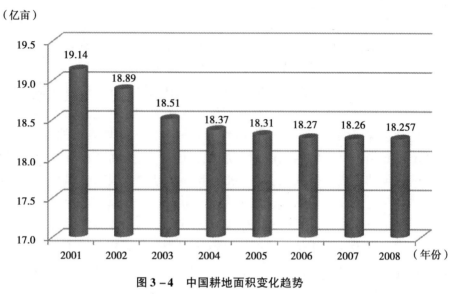

图 3 – 4　中国耕地面积变化趋势

资料来源：《2008 年国土资源公报》（http：//www. mlr. gov. cn/zwgk/tjxx/200912/
t20091215_ 699769. htm）。

　　第二，农业经营的比较收益日益降低，在农村居民收入中所占比重逐
渐下降。长期以来，农业生产经营大多以"小农"分散经营为主，难以形
成规模经营，也难以体现规模经营的成本优势。此外，农业生产资料的价
格日益上涨而农产品收购价格则相对较为平稳。在成本与价格的双重影响
下，中国农业经营的比较收益日益下降。图 3 – 5 反映的是从 1983 年至
2012 年的 30 年里，中国农村家庭人均纯收入的组成结构变化情况。从
1983 年至 2012 年，中国农民家庭人均经营性纯收入占人均纯收入比重从
73. 50% 降至 44. 63%，其中人均农业纯收入占人均纯收入比重从 56. 13%
降至 26. 61%。与此形成鲜明反差的是，农村家庭人均工资性纯收入所占
比例从 1983 年的 18. 56% 上升到 2012 年的 43. 55%。2012 年，农村家庭人
均工资性纯收入已经与人均经营性纯收入十分接近，并且已经远远超过人
均农业纯收入。由此可见，土地在农民收入来源中的重要性已经大为下
降，农村收入来源的结构发生了很大变化。
　　第三，大部分地区土地流转价格普遍较低，土地租金很难维持基本生
活。一方面，虽然当前在很多农村地区土地流转现象较为常见，但由于目
前我国农业的比较收益依然较低，导致大部分地区土地流转价格普遍较
低。另一方面，在部分农村地区土地流转市场仍然不够完善，当农村老人

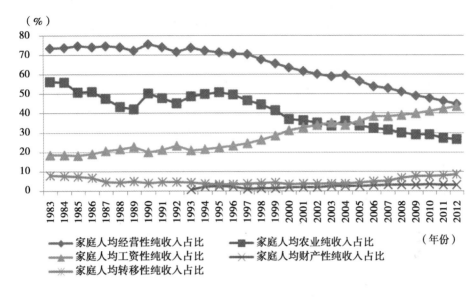

**图 3 - 5　中国农村家庭人均纯收入结构的变化趋势**

资料来源：根据中华人民共和国国家统计局网站（http：//data. stats. gov. cn/index）的相关数据计算整理所得。

丧失劳动能力后，很难将其土地流转出去，只能将其扔荒或者自己勉强进行低效率的经营，或者在大部分地区，土地租金维持在较低水平，即使能将土地流转出去，其获得的土地租金也有限，这样一来，会导致土地的收益下降。因此，当农村老人丧失劳动能力后，很难依靠土地租金来维持其基本生活。

### 四　农民参保缴费能力有待提高

新农保采取个人缴费、集体补助和政府补贴相结合的基金筹资方式，因而农户的缴费能力决定了农户新农保的参加行为，进而决定了新农保制度的可持续实施。从目前来看，关于新农保的个人缴费，《指导意见》中规定个人缴费标准为每年 100—500 元、以 100 元为单位 5 个档次，在 2014 年 2 月《国务院关于建立统一的城乡居民基本养老保险制度的意见》中，将城乡居民基本养老保险的个人缴费标准调整为每年 100 元、200 元、300 元、400 元、500 元、600 元、700 元、800 元、900 元、1000 元、1500 元、2000 元 12 个档次。

1. 中国农民的收入水平不断提高

图 3-6 给出了 2003—2012 年全国农村居民人均纯收入及按人均纯收入五等分分组的人均纯收入变化趋势。就绝对收入水平而言，如图 3-6 所示，农村居民的人均纯收入呈上升的变化趋势，农村居民家庭人均纯收入从 2003 年的 2622.2 元增加到 2012 年的 7916.6 元，增长率为 201.91%。

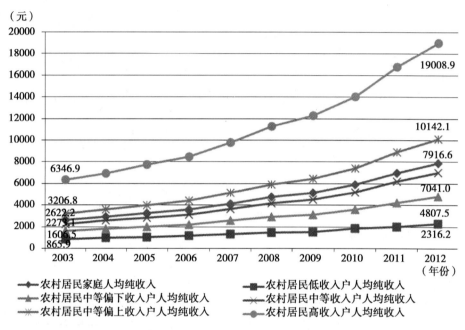

**图 3-6　中国农村居民不同收入组的人均纯收入变化趋势**

资料来源：中华人民共和国国家统计局网站（http：//www.stats.gov.cn/）。

关于不同经济条件农村居民收入变化的差异，将所有调查户按户人均纯收入大小由低到高排列，各按样本数 20% 的比例依次分为五组：低收入户、中等偏下收入户、中等收入户、中等偏上收入户和高收入户。从图 3-6 可以看出，2003 年以来不同经济条件农村居民的人均纯收入均呈现上升的变化趋势。低收入户人均纯收入由 2003 年的 865.9 元增加到 2012 年的 2316.2 元，增长率为 167.49%；中等偏下收入户人均纯收入由 2003 年的 1606.5 元增加到 2012 年的 4807.5 元，增长率为 199.25%；中等收入户人均纯收入由 2003 年的 2273.1 元增加到 2012 年的 7041.0 元，增长率为 209.75%；中等偏上收入户人均纯收入由 2003 年的 3206.8 元增加到 2012 年的 10142.1 元，增长率为 216.27%；高收入户人均纯收入由

2003 年的 6346.9 元增加到 2012 年的 19008.9 元，增长率为 199.50%。

2. 省级农村居民间的参保缴费能力具有较大差异

关于不同省份之间农村居民参保缴费能力的差异，参考《国务院关于建立统一的城乡居民基本养老保险制度的意见》中的相关规定，分别以最低档（100 元）、中档（1000 元）和最高档（2000 元）三个个人缴费档次为例，表 3-6 给出了新农保缴费档次占 2012 年全国各省份农村居民家庭人均纯收入的比重情况。从表中可以看出，2012 年各省农村居民之间的收入差距较大，农村居民人均纯收入最高的上海市（17803.68 元）是人均纯收入最低的甘肃省（4506.66 元）的 3.95 倍。参照城镇职工养老保险的缴费率为当地人均收入 8% 的标准，关于最低档缴费标准，2012 年我国所有省份选择最低档的缴费率均在 8% 以下；关于中档缴费标准，仅有北京、天津、上海、江苏、浙江的缴费率低于 8%，其余各省的缴费率均在 8% 以上；关于最高档缴费标准，所有省份选择最高档缴费率均在 8% 以上。

表 3-6　2012 年新农保缴费档次占全国各省份农村居民家庭人均纯收入的比重

| 省份 | 农村居民人均纯收入（元） | 个人缴费标准占农民人均纯收入的比重（%） | | | 省份 | 农村居民人均纯收入（元） | 个人缴费标准占农民人均纯收入的比重（%） | | |
|---|---|---|---|---|---|---|---|---|---|
| | | 最低档 | 中档 | 最高档 | | | 最低档 | 中档 | 最高档 |
| 全国 | 7916.58 | 1.26 | 12.63 | 25.26 | 河南 | 7524.94 | 1.33 | 13.29 | 26.58 |
| 北京 | 16475.74 | 0.61 | 6.07 | 12.14 | 湖北 | 7851.71 | 1.27 | 12.74 | 25.47 |
| 天津 | 14025.54 | 0.71 | 7.13 | 14.26 | 湖南 | 7440.17 | 1.34 | 13.44 | 26.88 |
| 河北 | 8081.39 | 1.24 | 12.37 | 24.75 | 广东 | 10542.84 | 0.95 | 9.49 | 18.97 |
| 山西 | 6356.63 | 1.57 | 15.73 | 31.46 | 广西 | 6007.55 | 1.66 | 16.65 | 33.29 |
| 内蒙古 | 7611.31 | 1.31 | 13.14 | 26.28 | 海南 | 7408.00 | 1.35 | 13.50 | 27.00 |
| 辽宁 | 9383.72 | 1.07 | 10.66 | 21.31 | 重庆 | 7383.27 | 1.35 | 13.54 | 27.09 |
| 吉林 | 8598.17 | 1.16 | 11.63 | 23.26 | 四川 | 7001.43 | 1.43 | 14.28 | 28.57 |
| 黑龙江 | 8603.85 | 1.16 | 11.62 | 23.25 | 贵州 | 4753.00 | 2.10 | 21.04 | 42.08 |
| 上海 | 17803.68 | 0.56 | 5.62 | 11.23 | 云南 | 5416.54 | 1.85 | 18.46 | 36.92 |
| 江苏 | 12201.95 | 0.82 | 8.20 | 16.39 | 西藏 | 5719.38 | 1.75 | 17.48 | 34.97 |
| 浙江 | 14551.92 | 0.69 | 6.87 | 13.74 | 陕西 | 5762.52 | 1.74 | 17.35 | 34.71 |
| 安徽 | 7160.46 | 1.40 | 13.97 | 27.93 | 甘肃 | 4506.66 | 2.22 | 22.19 | 44.38 |

续表

| 省份 | 农村居民人均纯收入（元） | 个人缴费标准占农民人均纯收入的比重（%） | | | 省份 | 农村居民人均纯收入（元） | 个人缴费标准占农民人均纯收入的比重（%） | | |
|---|---|---|---|---|---|---|---|---|---|
| | | 最低档 | 中档 | 最高档 | | | 最低档 | 中档 | 最高档 |
| 福建 | 9967.17 | 1.00 | 10.03 | 20.07 | 青海 | 5364.38 | 1.86 | 18.64 | 37.28 |
| 江西 | 7829.43 | 1.28 | 12.77 | 25.54 | 宁夏 | 6180.32 | 1.62 | 16.18 | 32.36 |
| 山东 | 9446.54 | 1.06 | 10.59 | 21.17 | 新疆 | 6393.68 | 1.56 | 15.64 | 31.28 |

注："最低档"为100元；"中档"为1000元；"最高档"为2000元。

资料来源：根据《中国统计年鉴2013》的相关数据计算整理所得。

### 3. 不同收入水平组别农村居民新农保缴费能力差距较大

根据上文对农村居民收入水平的分类标准，表3－7给出了2012年不同收入组农村居民新农保个人缴费负担状况。参照城镇职工养老保险的缴费率为当地人均收入8%的标准，对于低收入户，只有选择"100元档"的缴费率低于8%；对于中等偏下收入户，选择从"100元档"至"300元档"的缴费率低于8%；对于中等收入户，选择从"100元档"至"500元档"的缴费率低于8%；对于中等偏上收入户，选择从"100元档"至"800元档"的缴费率低于8%；对于高收入户，选择从"100元档"至"1500元档"的缴费率低于8%。

表3－7　　　　2012年不同收入组农村居民新农保个人缴费负担状况　　　单位：%

| 缴费标准（元） | 低收入户 | 中等偏下收入户 | 中等收入户 | 中等偏上收入户 | 高收入户 |
|---|---|---|---|---|---|
| 100 | 4.32 | 2.08 | 1.42 | 0.99 | 0.53 |
| 200 | 8.63 | 4.16 | 2.84 | 1.97 | 1.05 |
| 300 | 12.95 | 6.24 | 4.26 | 2.96 | 1.58 |
| 400 | 17.27 | 8.32 | 5.68 | 3.94 | 2.10 |
| 500 | 21.59 | 10.40 | 7.10 | 4.93 | 2.63 |
| 600 | 25.90 | 12.48 | 8.52 | 5.92 | 3.16 |
| 700 | 30.22 | 14.56 | 9.94 | 6.90 | 3.68 |
| 800 | 34.54 | 16.64 | 11.36 | 7.89 | 4.21 |
| 900 | 38.86 | 18.72 | 12.78 | 8.87 | 4.73 |
| 1000 | 43.17 | 20.80 | 14.20 | 9.86 | 5.26 |

| 缴费标准<br>（元） | 低收入户 | 中等偏下<br>收入户 | 中等收入户 | 中等偏上<br>收入户 | 高收入户 |
|---|---|---|---|---|---|
| 1500 | 64.76 | 31.20 | 21.30 | 14.79 | 7.89 |
| 2000 | 86.35 | 41.60 | 28.41 | 19.72 | 10.52 |

资料来源：根据《中国统计年鉴2013》的相关数据计算整理所得。

通过以上分析可以发现，尽管随着我国农村居民收入水平的不断提高，农民对于新农保的缴费能力也在不断增强，但如果以城镇职工养老保险的缴费率为标准，我国农民居民的缴费能力仍然有待提高。不管是从各省份的比较，还是各不同收入组别的比较，当前我国农村居民普遍能够承受最低的缴费档次，而随着缴费档次的提升，农民的缴费负担明显增加，特别是对于经济条件较差的省份和收入水平较低农户。

**五　新农保政策对各地方政府的财政负担存在差异**

1. 新农保政策中关于财政补贴的相关规定

根据相关政策规定，新农保的财政补贴由中央政府和地方政府共同负担。中央政府主要采取"补出口"的财政补贴方式，即在新农保的养老金发放环节给予财政补贴。根据《指导意见》中的相关规定，中央财政对中、西部地区基础养老金给予全额补助，对东部地区基础养老金给予50%的补助。

地方政府对于新农保的财政补贴采取"补入口"和"补出口"相结合的方式。关于"补入口"，即在新农保的缴费环节对参保人给予财政补贴，根据《指导意见》中的相关规定，地方政府对参保人缴费的补贴标准不低于每人每年30元，并且可以对选择较高缴费档次的参保人给予适当鼓励，地方政府应该为农村重度残疾人等缴费困难群体代缴部分或全部最低标准的新农保缴费。关于"补出口"，根据《指导意见》中的相关规定，东部地区地方政府需要负担除中央政府财政补贴外剩下的50%的基础养老金。此外，《指导意见》还规定地方政府可以根据实际情况提高基础养老金标准，并对长期缴费的参保人适当加发基础养老金。

2. 新农保对中央和地方财政负担的测算

根据《指导意见》中的相关规定，农村居民新农保的参保年龄为16—59岁，领取养老金的起始年龄为60岁，并且对于在新农保制度实施时已年满60周岁的农村居民可以不用缴费直接领取基础养老金。为了便于计算，关于缴费环节，假设全国农村地区所有符合参保条件的农村居民均参保并选择最低缴费档次（100元），并且设定地方政府对参保人的个人缴费以最低标准（30元）进行财政补贴，不考虑地方政府对参保人选择较高缴费档次进行"适当鼓励"以及对重度残疾人等缴费困难群体进行特殊照顾等情况。关于养老金支付环节，暂不考虑"捆绑条款"的影响，即假设对所有年满60周岁的农村老人按月免费发放基础养老金，发放标准全国统一每人每月55元，不考虑地方政府提高和加发基础养老金的补贴的情况。

　　基于以上假设条件，根据新农保政策中有关财政补贴的相关规定，中央财政以及东部和中、西部地方财政对新农保的补贴金额分别可以用如下公式计算：（1）中央财政对新农保的年补贴金额＝东部地区60岁及以上的农村人口数×55×50%×12＋中、西部地区60岁及以上的农村人口数×55×12（元）；（2）东部地区各地方财政对新农保的年补贴金额＝东部地区60岁及以上的农村人口数×55×50%×12＋东部地区16—59岁农村人口数×30（元）；（3）中、西部地区各地方财政对新农保的年补贴金额＝中、西部农村地区各地16—59岁人口数×30（元）。根据上述计算公式，利用相关统计数据，笔者计算出了2010年中央财政对新农保的年补贴金额、全国各地地方财政对新农保的年补贴金额以及新农保对各地方政府的财政负担，如表3-8所示。

表3-8　　　　　　2010年新农保对中央和地方财政负担的测算

| 地区 | 农村居民人口数（万人） | | 中央财政对新农保的年补贴金额（亿元） | 地方财政对新农保的年补贴金额（亿元） | 地方财政收入（亿元） | 新农保对地方财政的负担（%） |
| --- | --- | --- | --- | --- | --- | --- |
| | 15—59岁 | 60岁及以上 | | | | |
| 东部地区 | | | | | | |
| 北京 | 209.76 | 40.39 | 1.33 | 1.96 | 2353.93 | 0.08 |
| 天津 | 187.59 | 38.11 | 1.26 | 1.82 | 1068.81 | 0.17 |
| 河北 | 2739.29 | 561.08 | 18.52 | 26.73 | 1331.85 | 2.01 |
| 辽宁 | 1160.36 | 268.46 | 8.86 | 12.34 | 2004.84 | 0.62 |
| 上海 | 181.82 | 43.20 | 1.43 | 1.97 | 2873.58 | 0.07 |

续表

| 地区 | 农村居民人口数<br>（万人） | | 中央财政对<br>新农保的年<br>补贴金额<br>（亿元） | 地方财政对<br>新农保的年<br>补贴金额<br>（亿元） | 地方财政<br>收入<br>（亿元） | 新农保对地<br>方财政的<br>负担<br>（%） |
|---|---|---|---|---|---|---|
| | 15—<br>59 岁 | 60 岁<br>及以上 | | | | |
| 江苏 | 2070.87 | 615.90 | 20.32 | 26.54 | 4079.86 | 0.65 |
| 浙江 | 1404.48 | 394.31 | 13.01 | 17.23 | 2608.47 | 0.66 |
| 福建 | 1093.60 | 223.56 | 7.38 | 10.66 | 1151.49 | 0.93 |
| 山东 | 3191.94 | 824.02 | 27.19 | 36.77 | 2749.38 | 1.34 |
| 广东 | 2268.91 | 452.63 | 14.94 | 21.74 | 4517.04 | 0.48 |
| 海南 | 284.52 | 55.69 | 1.84 | 2.69 | 270.99 | 0.99 |
| 合计 | 14793.14 | 3517.35 | 116.08 | 160.45 | 25010.24 | 0.64 |
| 平均值 | 1344.83 | 319.76 | 10.55 | 14.59 | 2273.66 | — |
| 中、西部<br>地区 | | | | | | |
| 山西 | 1284.01 | 244.95 | 16.17 | 3.85 | 969.67 | 0.40 |
| 内蒙古 | 804.57 | 140.47 | 9.27 | 2.41 | 1069.98 | 0.23 |
| 吉林 | 942.42 | 163.77 | 10.81 | 2.83 | 602.41 | 0.47 |
| 黑龙江 | 1259.28 | 205.24 | 13.55 | 3.78 | 755.58 | 0.50 |
| 安徽 | 2155.92 | 572.20 | 37.77 | 6.47 | 1149.40 | 0.56 |
| 江西 | 1603.79 | 304.81 | 20.12 | 4.81 | 778.09 | 0.62 |
| 河南 | 3645.04 | 801.88 | 52.92 | 10.94 | 1381.32 | 0.79 |
| 湖北 | 1993.41 | 453.36 | 29.92 | 5.98 | 1011.23 | 0.59 |
| 湖南 | 2410.51 | 602.58 | 39.77 | 7.23 | 1081.69 | 0.67 |
| 广西 | 1690.04 | 400.98 | 26.46 | 5.07 | 771.99 | 0.66 |
| 重庆 | 790.88 | 290.67 | 19.18 | 2.37 | 952.07 | 0.25 |
| 四川 | 3019.42 | 874.25 | 57.70 | 9.06 | 1561.67 | 0.58 |
| 贵州 | 1341.21 | 321.88 | 21.24 | 4.02 | 533.73 | 0.75 |
| 云南 | 1979.74 | 340.62 | 22.48 | 5.94 | 871.19 | 0.68 |
| 西藏 | 150.27 | 19.34 | 1.28 | 0.45 | 36.65 | 1.23 |
| 陕西 | 1427.40 | 286.64 | 18.92 | 4.28 | 958.21 | 0.45 |

| 地区 | 农村居民人口数（万人） | | 中央财政对新农保的年补贴金额（亿元） | 地方财政对新农保的年补贴金额（亿元） | 地方财政收入（亿元） | 新农保对地方财政的负担（%） |
|---|---|---|---|---|---|---|
| | 15—59 岁 | 60 岁及以上 | | | | |
| 甘肃 | 1094.33 | 217.54 | 14.36 | 3.28 | 353.58 | 0.93 |
| 青海 | 207.24 | 28.82 | 1.90 | 0.62 | 110.22 | 0.56 |
| 宁夏 | 214.98 | 32.39 | 2.14 | 0.64 | 153.55 | 0.42 |
| 新疆 | 841.32 | 110.58 | 7.30 | 2.52 | 500.58 | 0.50 |
| 合计 | 28855.77 | 6412.97 | 423.26 | 86.55 | 15602.81 | 0.55 |
| 平均值 | 1442.79 | 320.65 | 21.16 | 4.33 | 780.14 | — |
| 全国合计 | 43648.91 | 9930.33 | 539.33 | 247.02 | 40613.05 | 0.61 |

注：1. 新农保对地方财政的负担 = 地方财政对新农保的年补贴金额 ÷ 地方财政收入 × 100%；2. 由于无法直接获取"16—59 岁"各地区的农村人口数，故用"15—59 岁"各地区的农村人口数近似等于"16—59 岁"各地区的农村人口数。

资料来源：根据《中国统计年鉴 2011》和中华人民共和国国家统计局网站（http：// data. stats. gov. cn/index）的相关数据计算整理所得。人口方面的数据来自中华人民共和国国家统计局网站公布的第六次人口普查数据。财政收入方面的数据来自《中国统计年鉴》。

表 3 - 8 给出了 2010 年新农保对中央和地方财政负担的测算结果。关于中央财政补贴，根据测算，2010 年中央政府对新农保的财政补贴为 539.33 亿元，这一数据相当于 2010 年中央财政收入的 1.27% [①]，由此可见，当前中央财政有能力承担新农保的相关补贴；从不同区域间的差异来看，中央财政对东部地区各省补贴的平均值（10.55 亿元）要明显小于对中、西部地区各省补贴的平均值（21.16 亿元），因此，中央财政补贴较为明显体现了国家对中、西部地区的政策倾斜。

关于地方财政补贴，通过计算各地地方财政对新农保的年补贴数额占该地地方财政收入的比重，可以较为直观地反映新农保财政补贴政策对各地地方财政带来的实际负担。从表 3 - 8 中可以看出，新农保对东部地区地方政府的财政负担（0.64%）要明显高于中、西部地区（0.55%）。具体从各地区来看，新农保对地方财政负担最小的地区是上海（0.07%），

_____

① 根据《中国统计年鉴 2011》公布的数据，2010 年中央政府全年的财政收入为 42488.47 亿元。

而最高的是河北（2.01%），两者负担比差距近 30 倍。在东部 11 个省份中，有 7 个地区的新农保财政负担高于全国平均水平（0.61%），其中河北为 2.01%，山东为 1.34%，分别位于全国的第一和第二，而海南和福建也仅比西藏低，分别位于全国的第四和第五（福建与甘肃并列第五）。在中、西部的 20 个地区中，有 12 个地区新农保的财政负担低于全国平均水平，其中山西、内蒙古、吉林、重庆、陕西、宁夏的新农保财政负担仅比北京、天津、上海大一些，而小于东部其他地区的新农保财政负担。

由此可见，尽管国家基于东部地区与中、西部地区经济发展水平的差异实施了差异化的财政补贴政策，并且对中、西部地区的倾斜财政补贴政策具有显著的政策效果，然而政策中对两大区域内部地区之间均采取了统一的财政补贴标准，并未考虑到东部地区和中、西部地区各自内部地方财政实力的差异，因此，这一补贴政策对部分地区地方政府的财政负担缺乏一定的公平性。具体而言，一方面，新农保的补贴政策没有考虑东部地区中有部分省份的新农保对当地财政负担相对较重（如河北、山东、海南、福建等）；另一方面，在中、西部地区中新农保对各地的财政负担也差异较大，中、西部地区中存在一些财政实力较强的省份，中央财政补助的数额过多，新农保的地方财政补贴对这些省份的负担较轻（如内蒙古、重庆等），同时也存在一些财政实力较弱的省份，中央财政补助的数额过少，新农保的地方财政补贴对这些省份的负担重（如西藏、甘肃等）。

此外，目前地方财政的补贴金额是在尚未考虑对选择较高缴费档次的参保人的"适当鼓励"和对农村重度残疾人等缴费困难群体的缴费补贴的情况下按照最低标准计算的。如果将这两方面的因素考虑进去，地方政府的财政补贴数额将会增多。加之我国农村地区人口老龄化的形势日益严峻，可以预见未来地方财政的压力是非常大的，如果不能解决这个问题，不但严重影响地方政府的积极性，而且对于未来新农保的财政支持也将带来巨大挑战。

# 第四章　分析框架、数据来源与制度评价

　　长期以来，家庭是中国农村社会的基石，在面对一些重要的经济决策时，通常是由家庭整体来进行决策。随着农村劳动力流动的不断增强，家庭成员个体的经济决策特征开始有所显现，然而总体上看，当前中国农村的基本单位仍是家庭，而不是个人。结合本书的研究内容，笔者认为在新农保实施的背景下，农户是否参保、选择何种缴费档次、新农保对农村老人劳动供给行为以及对农户收入再分配的影响等方面应该置于家庭的框架下，以家庭为基本单位来进行探讨。

## 第一节　新农保的社会福利效应分析

　　社会养老保险其制度本身就是一个较为复杂的综合体，制度的设计体现着劳动者与统治者的意愿和利益。同时，社会养老保险制度又能较为集中地反映了社会收入再分配的程度和趋势，并且不同的制度设计可能导致其收入再分配的功能与效果存在差异。因此，在讨论新农保的收入再分配功能之前，有必要先对社会养老保险制度的类别进行相关阐述，并在此基础上探讨不同类型的社会养老保险制度所具备的收入再分配功能。

### 一　不同类型养老保险制度的优缺点比较

1. 社会养老保险制度的类别

　　目前，世界各国所实行的社会养老保险制度主要可以分为以下三类：

　　（1）现收现付制。现收现付制是通过利用同一时期正在工作的劳动者的缴费来负担当前保险受益人的开支，是一种以横向平衡原则为依据的养老保险制度。现收现付制的特点是正在工作的一代为已经退休的一代支付养老保险，而自己这一代的养老保险则由下一代来支付，因此具有代际之间的收入再分配功能。其优点是不受通货膨胀等因素的影响，不存在基金

贬值的风险。其缺点是当宏观经济不景气时，或者由于人口老龄化导致养老金支付范围和标准不断提高的情况下，可能出现养老保险的缴费困难和养老金的支付危机。并且这种模式在养老保险缴费和收入的权利与义务的关系上联系不够紧密，从而缺乏激励机制。

（2）基金积累制。基金积累制是一种将劳动者工作期间收入的一部分转移到退休期间供其使用的制度安排。其特点是将个人收入在个人的现在和将来之间进行再分配，即个人在其工作时进行强制性的储蓄积累，退休后按之前的积累数额支付退休金，实行以收定支。其优点是较少受人口老龄化的影响，而且对个人缴费具有显著的激励作用。其缺点是基金保值增值的风险较大，容易受通货膨胀等因素的影响，而且过分强调个人的自我保障，缺乏劳动者相互间的共济性。

（3）部分积累制。部分积累制是上述两种模式的混合。其特点是在当前退休人员的养老金收入中，既包含了现收现付的筹资方式，又包含了完全积累的筹资方式。因此，部分积累制一方面具备现收现付制的代际收入再分配功能；另一方面又能有效缓解现收现付制下当代人的经济负担以及降低完全基金积累制下货币贬值的风险和基金保值增值的压力，此外，还能发挥完全积累制对个人缴费的激励作用。

综上所述，通过对新农保的筹资机制以及养老金发放方式进行分析后可以发现，新农保缴费时既强调个人负担又实行政府补贴，养老金既包括个人账户部分又有公共财政承担的部分，因此可以认为新农保也是一种综合现收现付和完全积累特点的部分积累制。

2. 基于效率和公平的视角不同类型养老保险制度的优缺点比较

通常而言，社会养老保险主要具备三大功能：储蓄、保险和收入再分配。所谓储蓄功能，是在基金积累制的情况下通过个人年轻时的经济积累来负担其老年时的经济需求，而在现收现付制的情况下则是通过代际转移支付的方式替代个人储蓄来负担老人的养老金。所谓保险功能，就是养老保险体系向个人提供保险，例如，养老金实际上可以看作是对个人寿命风险、收入风险的一种保险，并且这种强制性的保险体系可以在代际与代内形成有效的风险分摊机制。所谓收入再分配功能，就是为达到政府或社会预期的收入分配状态，在代际或代内之间对居民的收入进行二次分配。不同的养老金筹资模式在发挥这三种功能时具有一定的侧重，一般而言，现收现付制具备更强的保险与收入再分配功能，而基金积累制则具备更强的储蓄功能。以上两种养老保险体系所具备的功能上的差别，产生了许多对两种养老保险体系孰优孰劣的争论，这种争论许多是从效率与公平的角度来评判两者的优劣。

对于是应该通过现收现付制还是基金积累制来向老年人口提供养老金，必须要考虑效率与公平之间的权衡。衡量两大体系的优缺点的一个非常重要的视角是从效率与公平的权衡角度来分析和比较。养老保险体系设计的初衷是如何通过制度设计来有效解决老年人的贫困问题，并通过为老年人提供一定的经济保障来降低劳动者在其年老后生活水平急剧下降的风险。但是，养老保险体系不可避免地会改变个人的行为，如消费储蓄行为、劳动供给行为等，那么就会造成扭曲性的效率损失，因此从效率的角度来看待养老保险体系，就是如何设计一种养老保险体系以减少养老保险体系对经济的扭曲，以达到资源的最优配置。最优养老保险体系选择必须在保护与扭曲，或者说公平与效率之间进行权衡。

从保险和收入再分配的角度来看，在现收现付制下，养老保险体系向个人提供了针对收入风险、寿命风险与通货膨胀风险的保险："累进的"年金式的养老金为个人一生的收入风险与寿命风险提供了保险，随通货膨胀率调节的养老金提供了针对通货膨胀风险的保险；并且在该体系下，老年人的养老金水平与年轻人的收入直接相关，这也具有一定的代际风险分摊作用。但是，在现收现付制下个人的养老金水平是一种政府的承诺，政府可以改变个人的养老金水平，因此个人的养老金水平也面临着政治风险。在现收现付制下，保险（建立在不可预期的结果上的收入转移）与收入再分配（建立在可预期的结果上的收入转移）往往是紧密联系在一起的。而在基金积累制下，养老保险体系的保险与收入再分配的功能被大大削弱了。个人账户式的基金积累制下，老年人的养老储蓄必须依靠市场将其年金化，但在私人保险市场上，出于逆向选择的存在，还不存在向个人收入风险以及寿命风险提供年金保险的有效机制，并且由私人市场所提供的年金并不会根据通货膨胀进行调整。尤其重要的是，基金积累制缺乏代际收入再分配与代际风险分摊的功能，由于我国是一个快速工业化的发展中国家，工业化加快了经济增长，同时也拉大了年轻一代和老年一代的收入差距，因此也就更加需要政府加强代际收入再分配与代际风险分摊的力度。

基于以上分析，现收现付制相对于基金积累制具备更强的保险与收入再分配功能，因此，现收现付制更加关注对老年人的生活保障，并且更具公平性。但是，在现收现付制下，养老保险体系改变了个人的决策：代际的收入转移代替了个人的生命周期储蓄；相对而言联系并不紧密的缴费与收益（由于幅度较大的收入再分配与保险机制）导致劳动供给决策的改变等。而由此产生的劳动者个人行为的改变，都可能对经济发展产生扭曲性的效率损失。而在基金积累制下，个人的养老金水平与个人的养老储蓄联系紧密，因此对个人的消费储蓄以及劳动供给决策的改变很小，从而造成的效率损失也很小。

从经济学的视角来选择养老保险体系，不仅需要从理论的角度比较两种体系的优劣，而且最为关键的是要结合具体的国情。对中国这个由计划经济向市场经济转轨的发展中国家而言，设计最优的养老保险体系不仅需要考虑设计养老保险体系所需要注意的一般性问题，而且需要关注我国转轨经济与发展中经济这两个特点。

因此，根据中国现阶段的具体国情，权衡效率与公平之间的选择，设计一个最优的养老保险体系是摆在我们面前的一个紧迫任务。

## 二 新农保补贴政策的社会福利效应分析

新农保与以往农村养老保险制度的一个主要区别就是明确了各级政府的财政责任，实行个人缴费、集体补助、政府补贴相结合的筹资办法，中央财政对养老金给付环节给予补贴，地方财政对农民缴费和养老金给付环节均实行补贴。对广大农户而言，补贴政策对于其福利的改善肯定具有积极作用，而由于农户对新农保的需求弹性具有不确定性，导致新农保对社会福利的影响亦具有不确定性。接下来对新农保的社会福利效应进行探讨。

### 1. 新农保的需求与供给曲线

对于新农保而言，农户是否参保的决策必然受缴费收益的影响，由于参加新农保需要一定的缴费支出，因此我们可以把新农保看作是具有一定"价格"的商品，农户对新农保的需求与"价格"呈负相关的关系。如图 4-1 所示，新农保的需求曲线为 $D$，分别与横轴和纵轴相交于 $Q_0$ 点和 $P_0$ 点。此外，新农保是一种由政府提供的社会保障制度，其供给行为处于规模报酬不变的状态，因而其供给曲线是一条水平的直线，如图 4-1 所示的直线 $S_1$，与纵轴相交于 $P_1$ 点，即为农户参保的"价格"。供给曲线 $S_1$

与需求曲线 $D$ 的交点 $K_1$ 即为新农保的需求与供给达到均衡时的状态。

当政府实行补贴政策时，对于农户而言，可以较低的投入参加新农保，相当于降低了新农保的"价格"，即供给曲线由 $S_1$ 变为 $S_2$，$S_2$ 与纵轴的交点为 $P_2$，政府补贴使农户参加新农保的成本降低了 $P_1P_2$。

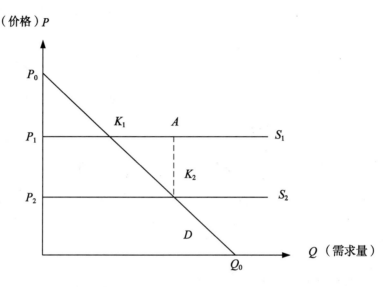

**图 4 - 1　新农保的需求和供给曲线**

2. 不同需求弹性下新农保对社会福利的影响

通常而言，在福利经济学中福利的概念表示的是消费者剩余（CS），个人消费者剩余可以表示为消费者在购买一定数量的某种商品时愿意支付的最高总价格与实际支付的总价格之间的差额，消费者剩余衡量了购买者自己感觉到所获得的额外利益。由于每个农户参加新农保获得的福利具有独立性，因而可以把社会总福利看成每个农户福利的总和。由于政府对新农保的缴费环节和养老金支付环节均给予一定形式的财政补贴，因而社会净福利则等于社会总福利减去政府对新农保的补贴成本。消费者总剩余可以用价格线上方，需求曲线下方以及纵轴围成的三角形的面积来表示。在图 4 - 1 中，在政府补贴前，消费者总剩余为 $\triangle P_0P_1K_1$ 的面积，在政府实行补贴政策后，消费者总剩余增加为 $\triangle P_0P_2K_2$ 的面积。由此可见，实行新农保补贴政策后，农民的福利增大了，增加了梯形 $P_1P_2K_2K_1$ 的面积。此外，在讨论新农保对社会福利的影响时，还应该考虑政府的补贴成本。如图 4 - 1 所示，矩形 $P_1P_2K_2A$ 的面积为政府补贴成本，因而 $\triangle P_0P_2K_2$ 的面积减去矩

形 $P_1P_2K_2A$ 的面积即为新农保补贴政策对社会福利的影响，也就是 $\triangle P_0P_1K_1$ 的面积减去 $\triangle K_1K_2A$ 的面积。如果 $\triangle P_0P_1K_1$ 的面积大于 $\triangle K_1K_2A$ 的面积，说明社会福利增加；如果 $\triangle P_0P_1K_1$ 的面积小于 $\triangle K_1K_2A$ 的面积，说明社会福利受损；如果 $\triangle P_0P_1K_1$ 的面积等于 $\triangle K_1K_2A$ 的面积，说明社会福利不变。而 $\triangle P_0P_1K_1$ 与 $\triangle K_1K_2A$ 的面积大小则与新农保的需求弹性有关。

图 4-2 给出了不同需求弹性下新农保的社会福利效应情况，当新农保的需求富于弹性时，$\triangle P_0P_1K_1$ 的面积小于 $\triangle K_1K_2A$ 的面积，新农保的补贴政策将会使社会总福利减少；当新农保为单位需求弹性时，$\triangle P_0P_1K_1$ 的面积等于 $\triangle K_1K_2A$ 的面积，新农保的补贴政策将会使社会总福利不变；当新农保的需求缺乏弹性时，$\triangle P_0P_1K_1$ 的面积大于 $\triangle K_1K_2A$ 的面积，新农保的补贴政策将会使社会总福利增加；当新农保的需求完全无弹性时，即价格对需求没有影响，需求曲线变成一条垂直于横轴的直线，此时农户不会考虑新农保的"价格"就会参保，新农保已成为农户的必需品。在这种情况下，社会总福利则完全等于消费者剩余，此时社会总福利达到最大值。

### 三　新农保不同补贴模式的经济效应分析

根据政府对新农保缴费环节和养老金待遇领取环节补贴方式的不同可以分为"入口补贴"和"出口补贴"。所谓"入口补贴"，就是在农民参保缴费环节给予财政补助；所谓"出口补贴"，就是在新农保养老金支付环节给予财政补助。

"入口补贴"可能产生的正面效应主要有：（1）能够对农民的参保缴费产生一定的激励作用。"入口补贴"是一种即时补贴，只要农民参保缴费，政府便立即给予一定的补贴，并且随个人缴费一起记入个人账户，由此可以激发农民参保和缴费的积极性，从而有利于提高新农保的参保率。（2）能够间接提高新农保的保障水平。地方政府对农民个人缴费进行补贴，相当于间接提高了参保人的缴费金额，从而增加了参保人个人账户的基金积累，在其他条件不变的情况下，"入口补贴"提高了参保人到老年时新农保的保障水平。（3）具有刺激农民消费，促进经济增长的作用。"入口补贴"增加了新农保个人账户的基金积累，提高了新农保的保障水平，降低了对未来养老保障不确定性的风险，使得农民敢于把储蓄转化为投资和消费，从而促进经济增长。

"入口补贴"可能产生的负面效应主要有：（1）增加新农保基金保值

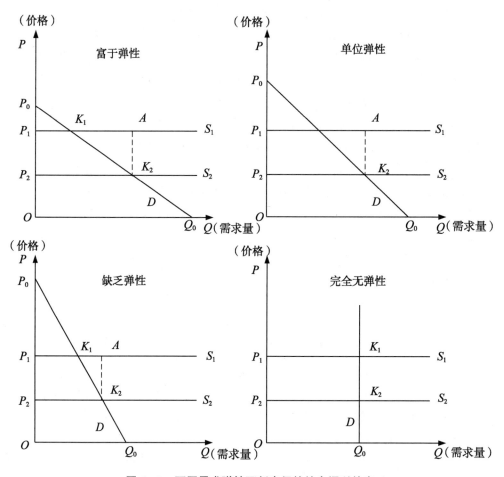

图4-2    不同需求弹性下新农保的社会福利效应

增值的压力。地方政府对新农保参保人缴费给予补贴,使参保人个人账户的基金积累额比没有政府补贴的积累额要大,如果没有更好的资金投资渠道则会增加新农保基金保值增值的压力。(2) 加重了财政困难地区地方政府的负担。随着新农保工作的推进和覆盖面的扩大,参保人数将会不断增加,政府补贴规模也相应地不断扩大,对于那些经济条件较差的地方政府要拿出一部分财力对新农保给予补贴还存在困难。(3) 多缴多补的补贴政策有可能导致逆向选择问题。选择较高缴费档次缴费,政府缴费补贴也高,选择的缴费档次低,获得政府缴费补贴少,会出现了"富者更富,穷者更穷"的不公平问题。

"出口补贴"可能产生的正面效应主要有:(1) 能够直接提高新农保

的养老保障水平。"出口补贴"直接增加了参保人每月领取的养老金数额，养老金是发放时由当年政府财政支出的，没有贬值的风险，其名义价值与实际价值基本相符。（2）与"入口补贴"相比，"出口补贴"能够缓解基金保值增值的压力。"出口补贴"是在领取养老金时直接发放，新农保用来支付基础养老金的财政收入储存时间很短暂，具有现收现付的性质，没有巨额储备金，可以避免因通货膨胀等因素而导致基金贬值的风险。（3）基础养老金补贴标准相同，体现了新农保的公平性和普惠性。

"出口补贴"的负面效应除了与"入口补贴"一样会加重财政困难地区地方政府的负担外，另一个主要的负面效应是没有"入口补贴"的激励效果大。"出口补贴"要到参保人年老领取养老待遇时才能获得，是一种预期补贴，人们对现行制度还不了解和信任度不高的情况下，对该制度的稳定性和持续性往往会持观望态度。

### 四  社会养老保险的收入再分配效应

养老保险制度最大的作用是为老年人的生活提供保障，在制度中可以采取强制储蓄的方式以规避风险，同时还可以通过现收现付制的融资方式实现代际收入再分配，甚至还通过对不同群体实行不同的养老保险缴费率或养老金计发办法来实现代际内的收入再分配。具体来说，就是让相对富裕的人群承担更多保费，贫困人群承担较低保费，富裕人群所承担保费的一部分用于支付贫困人群的养老金。另外，用政府的财政税收来普遍支付养老金也是一种收入再分配。通常针对富裕人群采取累进税政策，让其缴纳更多税金，可在一定程度上缩小整个社会的经济差距，这将有助于社会稳定。同时，互助共济既有同代之间的，也有代际之间的。

经济学理论对养老保险制度中的收入再分配功能的解释是：个人通过参加社会养老保险使自身在退休后获取了养老金，从而形成了养老金财产；而对于现收现付制的养老保险制度，其缴费率和养老金待遇水平是根据每个时点的人口增长率以及工资增长率来决定的，因而参保人一生中缴费的精算现值与其一生中获得的养老金的精算现值不一定相等；这其中的差额，一方面反映了个人一生通过两者之差所获取的养老金纯收益；另一方面又体现了通过制度实现不同人群之间的收入转移。若个人养老金的纯收益为零，说明个人的缴费与所得的养老金收入相符，则不存在收入再分配情况。反之，若个人养老金的纯收益不为零，说明个人的缴费与所得的养老金收入不等，则存在收入再分配情况。由此可见，我们只要估算出某种养老保险体系中不同群体的养老金纯收益便可以考察该养老保险制度所发挥的代际和代内收入再分配效应。

与这些问题和内容相联系，社会养老保险制度的收入再分配具体表现在以下领域：（1）代际收入再分配。其中包括两代人乃至多代人之间的收入再分配，实质是老年人与青年人之间的收入再分配。通常认为，现收现付制养老保险是这种代际收入再分配的典型方式。（2）富裕者阶层与贫困者阶层之间的收入再分配。将社会养老保险与社会优抚、低保等其他社会保障制度衔接和配套使用是体现这种收入再分配的具体方式。（3）经济发达地区与经济落后地区之间的收入再分配。中央政府的地区间转移支付和差别补贴政策是体现这种收入再分配的具体方式。（4）劳动者自身生命周期内的收入再分配。即劳动者的劳动期与非劳动期之间的收入再分配。基金积累制的社会养老保险筹资模式是体现这种收入再分配的典型方式。

上文已经分析了目前中国实行的新农保制度是一种综合现收现付制和基金积累制的部分积累制，加之目前政府对不同地区和不同人群的补贴政策具有一定的差异，因而我们可以认为新农保制度可能对不同收入人群间以及不同地区间发挥收入再分配效应。

## 第二节　新农保的劳动力供给效应分析

养老保险制度是通过为参保者在其年老后（通常为 60 岁）提供一定数量的养老金来保障其老年的经济生活，对农村老人来说，获得养老金收入后，对其劳动供给决策将会产生何种影响值得我们深入分析。

### 一　农村老人劳动力供给模型

在讨论养老金收入对农村老人劳动供给行为的影响之前，我们首先对农村老人劳动供给的影响因素进行探析，并分析各因素对农村老人劳动供给决策影响的内在机理。

1. 农村老人个人劳动力供给模型

对于当前中国的农村老人而言，其时间的支配主要有两种方式：一种是用于闲暇活动来愉悦身心；另一种则是用于劳动。因为从事有报酬工作与消费闲暇是达到同一目标的两种方式，所以我们可以暂时忽略它们之间的区别，并且把这些活动都看作是主体追求效用最大化目标的明智的选择。因此，我们把农村老人劳动供给决策看成是在闲暇和有酬劳动之间进行的选择。在上文的理论分析中，我们知道了对于劳动者个人而言，劳动者的劳动供给时间取决于市场真实的工资率（预算线的斜率）和非劳动收入（截距项）以及个人偏好（无差异曲线的形式）。因此，农村老人劳动供给决策主要受以上三个方面的影响，具体的劳动供给决策模型可以表示如下：

$$l = f(W, Y_u, P) \tag{4.1}$$

其中，$l$ 表示农村老人的劳动时间；$W$ 表示劳动市场的工资率；$Y_u$ 表示非劳动收入；$P$ 表示影响个人偏好相关因素。

关于个人偏好，不同个人特征以及在不同经济条件下农村老人的偏好不同，因而个人劳动和闲暇偏好主要由劳动者的性别、年龄、教育程度、经济条件等因素决定。关于市场工资率，对于农业劳动而言，主要以体力劳动为主，因此农业劳动工资率主要受其年龄和身体健康状况的影响，我们假定相同年龄段和同等健康条件下，农村老人面临的农业劳动工资率相等；对于非农劳动而言，农村老人的市场工资率主要受其劳动技能的影响，主要的因素有教育程度和技术职称等。关于非劳动收入，就目前农村老人而言，主要有亲友馈赠和社会保障收入。

2. 置于家庭框架下的农村老人劳动供给决策

家庭在现代农村社会中既是一个消费单位，同时也是一个生产单位，因此，当我们在分析劳动者的劳动供给决策时应将其置于家庭的框架下来进行。在家庭中，劳动者在进行劳动供给决策时并非是彼此独立的，而是一种联合决策。这种家庭决策理论的特点是：（1）在一个拥有多个劳动者的家庭中，各家庭成员在进行劳动供给决策时，通常要与其他家庭成员进行协商。因此，某个家庭成员的劳动供给决策既会受到其他家庭成员的影响，同时也会影响其他家庭成员的劳动供给决策。（2）劳动者在进行劳动供给决策时，除了要顾及其他家庭成员的意见外，还要根据自身处在生命周期的不同阶段来进行不同的劳动供给决策，即决定在生命周期的哪个阶段从事市场工作或较多地从事市场工作，在哪个阶段享受闲暇或更多地享受闲暇。（3）家庭成员自由支配时间可以分为三部分，除闲暇外，还有市场工作时间和非市场工作时间，其中非市场工作主要为家务劳动。

由此可见，当一个家庭在面对劳动供给决策时，全体家庭成员将会面临一个共同的问题，即每个家庭成员的个人时间如何在市场工作、家务劳动以及闲暇之间进行分配。一般情况下，家庭成员会将比较优势原理来作为支配个人时间的原则，即家庭中的每位成员在进行劳动供给决策时，通常会选择个人相对效率最高的那种时间利用的方式。由于不同的家庭成员在年龄、性别、受教育程度、工作经验以及非劳动力市场经验方面存在一定的差距，因此，他们在不同的劳动中的效率是不同的。

上文将农村老人不工作的时间完全归入闲暇时间存在一定的缺陷。随着农村较多的青壮年劳动力向城市转移，很多老人变成"留守老人"，他们除了要进行农业生产外，农村老人实际上有一部分时间是用于做家庭劳动，如进行家务劳动或照料幼儿等。因此，对于农村老人劳动供给决策的研究应该置于整个家庭框架下来考虑。在农村老人个人劳动力供给模型中引入家务劳动后，农村老人的时间选择发生了变化，即如何花费时间实际上存在着三种选择：市场（有酬）工作、家务劳动和闲暇活动。此外，农村老人在进行劳动供给决策时，会受到家庭中其他成员劳动供给决策的影响。农村老人参与农业劳动是全体家庭成员劳动分工的结果，与老人相比，年轻人的人力资本水平相对较高，非农就业的机会较大且工资水平相对较高，因而其参与农业劳动的机会成本较老年人高。在这种情况下，年轻人外出就业、老人在家务农是农户家庭收益最大化的理性选择。因此，我们将（4.1）式扩展成如下情形：

$$l = f(W, Y_u, P, O) \tag{4.2}$$

（4.2）式中，新增的变量 $O$ 表示其他家庭成员的劳动供给决策。这种情况下，影响农村老人劳动供给决策的主要因素有市场工资率、非劳动收入、个人偏好以及其他家庭成员的劳动供给决策。

## 二　养老金收入对农村老人劳动供给的影响机制

与城镇退休职工不同，绝大多数农村老人没有退休金，也没有足够的储蓄可以为他们的老年生活提供经济保障。长期以来，在中国农村，家庭养老是老年保障的重要方式，但随着家庭的核心化和青壮年劳动力的外出就业，越来越多的老人不再与子女居住在一起，他们不能完全依靠子女为其提供日常生活和农业生产方面的帮助，这将在很大程度上迫使老人继续劳动，特别是在农业生产方面（庞丽华等，2003）。而新农保的出现将会为我国农村老人提供一定的生活保障，由此是否会对农村老人的劳动供给行为产生影响有待研究。因此，接下来将对获得养老金收入后农村老人劳动供给行为可能出现的变化展开理论分析。

在第二章第二节中，笔者已经讨论了当闲暇属于正常商品时，在非劳动收入提高的情况下，人们一般会选择减少工作时间、增加闲暇时间。但是在特定情况，若闲暇变成劣质品，则可能出现相反的结论。接下来，我们就对闲暇在不同情形（正常商品和劣质品）下养老金收入的变化对农村老人劳动供给的影响进行分析。

图 4-3 显示的是，在工资保持不变的情形下，当老人养老金收入增加时，老人劳动时间发生的变化。起初，老人的非劳动收入为 $Y_u$，主要包括亲友的馈赠以及低保等政府的转移支付。在给定该老人工资率①的情况下，预算线可以表示为 $F_0E_0$。该老人通过选择点 $P_0$ 的闲暇时间可以达到效用最大化，在该点，老人消费 $H_0$ 小时的闲暇时间，劳动 $T-H_0$ 小时。

当养老金收入增加 $Y_p$ 时，就会使得点 $E_0$ 向点 $E_1$ 移动，因此新的预算线为 $F_1E_1$。因为该老人的工资率保持不变，所以由点 $E_1$ 引出的预算线的斜率与点 $E_0$ 引出的预算线的斜率相等。在工资率保持不变的情形下，养老金收入的增加，通过平行移动预算线就可以扩展该老人的闲暇和劳动选择集。养老金收入的增加使得该老人可以跃向更高的无差异曲线，从而使得效用最大化的均衡点变成点 $P_1$。

图 4-3（a）和图 4-3（b）分别描绘了在闲暇是一种正常商品和劣质品的情形下，养老金收入增加对老人劳动时间的影响。经济学理论告诉我们，在所有商品的价格保持不变的情况下，当收入增加时对该商品的消费增加，我们将此商品称为"正常商品"；而当收入增加时对该商品的消费减少，我们将此商品称为"劣质品"。图 4-3（a）中的均衡点 $P_1$ 意味着，新增的养老金收入既能提高老人的经济收入，又能增加其闲暇的时间。其结果是，劳动时间减少了 $H_1-H_0$ 小时。而图 4-3（b）中的均衡点 $P_1$ 意味着，新增的养老金收入会减少其对闲暇时间的需求，使其劳动时间增加 $H_0-H_2$ 小时。由此可见，当工资率保持不变时，养老金收入变化对其劳动时间的影响存在收入效应。

综上所述，在考察当养老金收入变化对老人劳动时间的影响时，首先要确认对于当前农村老人来说，闲暇到底是一种正常商品还是劣质品。通

---

①　若是从事农业劳动，则为单位时间的农业产出而获得的报酬；若是从事非农劳动，则为该老人在劳动市场上获得的工资率。

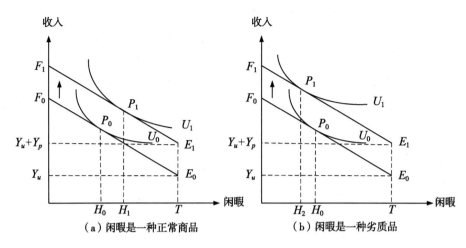

图 4 – 3    养老金收入变化对老人劳动时间的影响

常而言，我们更认可图 4 – 3（a）的情形，会认为闲暇是一种正常商品，即在工资率不变的情况下，随着养老金收入的增加，劳动时间会减少。

## 第三节    农户新农保参加和缴费行为分析

根据"经济人"假设，人的行为是以理性为基础，即以追求个人利益、满足个人利益最大化为基本动机。新农保虽然是以个人参保的形式，但是在农村社会，家庭是最基本的生产和生活单位，农户作为"理性经济人"，在其作新农保参保决策时，是否参保以及选择何种缴费档次，是农户在结合家庭情况、衡量各种因素后以家庭效用最大化为目标而作出的理性选择。对农户来说，新农保的参保交易费用较低，因此，只有当参保的预期收入大于参保支出，农户才会选择参保，并根据家庭资源禀赋情况选择合理的缴费档次。而对于新农保投保预期收益的考量，需要进行一系列复杂的成本和收益的计算，因而不同知识水平农户的理解和认知可能存在一定的差异。就当前大多数农户而言，户主在家庭决策中占主导地位，因而户主的意见可能对家庭的参保决策产生影响。在这种情况下，户主的文化程度可能影响其对新农保投保预期收益的判断，进而影响家庭新农保的参保决策。

著名心理学家马斯洛（Abraham Maslow）把人的需要分为五个层次，其中第一层次是"生理需要"；第二层次是"安全需要"，而且他认为这两个层次是人的最基本需要，只有满足了基础层次的需要，才能进而满足更高层次的"社交需要""尊重需要"和"自我实现需要"。人的需要的满足要通过社会经济活动和制度来实现，就现阶段我国大多数农户而言，收入水平还普遍相对较低，在现有家庭资源禀赋的条件下，农户会首先考虑生活必需品、住房、子女教育等最低层次的"生理需要"，这些需求是缺乏弹性的。而养老保险是对未来生活的一种保障，购买养老保险是一种投资行为，因此，养老需求可以视为一种"安全需要"，同时，受家庭养老等传统养老模式以及"养儿防老"等观念的影响，新农保对于广大农户而言是一种非必需品，其需求弹性相对较大，在这种情况下，农户新农保的参加行为受家庭成员"生理需要"的满足情况的影响。而"生理需要"的满足情况的考量来自两个方面：家庭当前的经济条件和家庭当前及预期的经济负担。

基于以上分析，笔者认为，经济条件和家庭成员结构等因素将会对农户新农保参加概率和缴费金额产生影响，而本书也将重点放在这两类因素进行分析。

### 一　家庭经济条件对农户参加新农保行为的影响

现有的经济条件是个体一切经济行为的基础。由于参加新农保需要一定的经济投入，因此，农户参加新农保的行为将会受其家庭经济条件的影响。具体说来，家庭当年总收入代表了农户目前的现金支付能力；而家庭住房价值一方面在一定程度上体现了农户的家庭财富水平；另一方面又在一定程度上反映了农户预期住房支出的压力。因为住房价值高，意味着该农户住房质量好，则在可预期时限内投资建房的概率小，预期住房支出的压力小。目前，中国新农保的保障水平较低，对于家庭经济条件较好的农户，其自我保障程度和养老预期待遇也较高，在参加新农保获得收益有限的情况下，他们可能更愿意选择自我储蓄以及购买商业保险等方式来解决自己家庭成员的养老问题，因而其发生新农保支出行为的概率较低。尽管如此，对于家庭经济条件较好的农户，其新农保支付能力相对较高，因此，在决定参加新农保的农户中，家庭经济条件较好的农户愿意支付更高的缴费金额。

### 二　家庭成员结构对农户参加新农保行为的影响

不同的家庭成员结构会导致不同的家庭消费需求，也会影响家庭的消费决策。常住人口数量代表了家庭食品、服装等方面基本生活消费支出的负担，学龄前儿童数量和在校学生数量代表了家庭育幼经济负担和教育支出负担。根据国家新农保政策中的"捆绑条款"规定，如果子女不参加新农保，父母就不能领取基础养老金，因此，家庭中老人数量多会提高成员参加新农保的意愿。而老人数量多的家庭，其养老压力相对较大，从而可能减少其缴费金额。

## 第四节　数据来源

本书所使用的数据主要来自三个部分，第一部分是来自课题组 2012 年 11 月对江苏省宿迁市的实地调查；第二部分是来自农业部农村经济研究中心农村固定观察点 2010 年全国范围的入户调查数据；第三部分来自相关网站和统计年鉴等官方公布的统计数据。

### 一　实地调查数据

2010 年 2 月，宿迁市制定并出台了《宿迁市新型农村社会养老保险制度实施办法》，决定在全市开始启动新农保的试点工作。与《指导意见》一样，宿迁市新农保的筹资方式也是采取个人缴费、集体补助和政府补贴相结合，个人缴费和政府补贴实行全市统一标准。其中，个人缴费标准规定每人每年100—600 元，以 100 元为间隔分为 6 个档次；政府补贴包括对符合领取条件的参保人全额支付基础养老金，在缴费环节对参保人给予每人每年 30 元的补贴。

本书部分数据来自 2012 年江苏省宿迁市沭阳县的抽样调查，调查范围覆盖了青伊湖、湖东和桑墟三个乡镇。实地调研主要采取问卷调查和座谈相结合的方式，通过对每个乡镇的农户进行入户问卷调查了解农户的养老观念以及对新农保政策的评价等情况。其中，在每个乡镇随机发放 100 份调查问卷，共计 300 份，回收有效问卷 298 份，问卷有效率为99.3%。

进行正式调查前，在认真设计调查问卷的基础上，为进一步考察调查问卷设计的合理性，咨询了本领域内多名专家的意见，并根据专家的意见对调查问卷进行了修改，之后形成最终的调查问卷。问卷的主要内容包括被调查者基本情况、家庭基本特征、对养老的态度、新农保的参加情况及对新农保的评价四个部分。具体调查内容如下：

（1）被调查者基本情况。主要包括被调查者的年龄、性别、文化程度、婚姻状况、健康状况、务农年限以及是否有外出打工经历。

（2）家庭基本特征。主要包括：家庭成员情况，主要包含家庭总人口数量、务农和外出就业劳动力数量、老人数量、子女性别构成等。家庭收入情况，包含家庭总收入以及农业收入和非农收入等。家庭耕地面积数量。家庭成员中是否有党员。

（3）对养老的态度。主要包括被调查者对当前农村老人养老现状的满意度、自己理想的养老依靠、老后是否愿意与子女同住、是否赞同"养儿防老"的思想、认为当前养老的最低经济需求。

（4）新农保的参加情况及对新农保的评价。主要包括农户参加新农保和旧农保的状况、参加（或不参加）的原因、对新农保政策的了解情况、对新农保政策的相关条款及相关服务的评价等方面。详见表4－1。

表4－1　　　　　　　　　　调查样本基本情况统计

| 指标 | 分类 | 样本数 | 百分比（%） |
|---|---|---|---|
| 年龄（岁） | 20—30 | 49 | 16.44 |
| | 31—40 | 59 | 19.80 |
| | 41—50 | 109 | 36.58 |
| | 51—60 | 81 | 27.18 |
| 性别 | 男 | 206 | 69.13 |
| | 女 | 92 | 30.87 |
| 文化程度 | 小学以下 | 54 | 18.12 |
| | 小学 | 36 | 12.08 |
| | 初中 | 188 | 63.09 |
| | 高中或中专 | 20 | 6.71 |
| 婚姻状况 | 已婚 | 265 | 88.93 |
| | 未婚 | 3 | 1.01 |
| | 离异 | 5 | 1.68 |
| | 丧偶 | 25 | 8.39 |

| 指标 | 分类 | 样本数 | 百分比（%） |
|---|---|---|---|
| 健康状况 | 很好 | 212 | 71.14 |
| | 较好 | 69 | 23.15 |
| | 一般 | 12 | 4.03 |
| | 较差 | 4 | 1.34 |
| | 很差 | 1 | 0.34 |
| 收入结构 | 以农业收入为主 | 33 | 11.07 |
| | 以非农收入为主 | 265 | 88.93 |
| 家庭是否有60岁以上老人 | 是 | 97 | 32.55 |
| | 否 | 201 | 67.45 |

数据来源：根据调查数据计算整理所得。

## 二　全国农村固定观察点数据

本书有一部分数据是采用农业部农村经济研究中心农村固定观察点全国范围的农户抽样调查数据，具体情况如下：

### 1. 农村固定观察点建立的背景与目的

全国农村固定观察点是在农村进行经济改革的背景下，为满足政策研究的需要而建立的。20世纪70年代末，中国政府开始在农村进行了一场大规模的经济改革。改革的核心就是采取联产承包责任制的形式，在原有的合作经济中引入农户家庭经营，变农业生产的集体统一经营体制为集体经营与家庭经营相结合的双层经营体制，逐渐确立了农户生产经营的主体地位。与此同时，国家亦大幅度提高了农产品的收购价格，并对流通体制进行了改革，放开了大多数农产品市场。毋庸置疑，这种以市场为导向的经济改革，把中国的农村经济与社会引入了有史以来变化最为深刻的历史时期。政策研究部门需要研究广大农村在深刻变革过程中所出现的各种经济现象和社会现象，以及这些现象之间的内部联系，并从中寻找出具有政策含义的东西，以便制定出切合实际的政策措施，同时亦需要对国家有关政策的实施情况进行跟踪反馈，以便作出更切合实际的政策调整。

尽管在当时的情况下，各级政府对农村情况做了大量的调查工作，但大多限于某些专题调查，缺乏在全国范围内进行系统周密的调查研究。在这种情况下，原中共中央农村政策研究室（以下简称中央农研室）、国务院农村发展研究中心从 1982 年冬季开始酝酿进行农村社会经济典型调查，并于 1983 年年初在九个省区市进行了试调查。在 1984 年，中共中央书记处批准了中央农研室《关于建议开展农村社会经济典型调查的报告》，由中央农研室牵头于 1984 年年底 1985 年年初组织协调 28 个省、自治区、直辖市（缺西藏）的农村工作部门的 8000 多名调查人员，对 37422 户、272 个村、93 个乡和 71 个县进行了一次全面的农村社会经济典型调查。考虑到农村调查应该是一项长期的工作，需要逐年了解农村社会经济的变化情况，1986 年由中央农研室牵头，在 1984 年典型调查的基础上建立起了全国农村固定观察点系统。设立固定观察点的目的是：

　　　　直接从农村基层了解农村改革和各项建设的新动态，以便从各个方面的发展和对比中进行有连续性的综合研究，为制定农村政策提供依据。通过观察点对农村社会经济进行长期的连续调查，掌握生产力、生产关系和上层建筑领域的变化，了解不同村庄和农户的动态、要求，从而取得系统周密的资料。①

2. 调查对象的选择

　　固定观察点的调查对象是村以及村内的各种社会经济单位（包括户、经济联合体和企业）。调查对象的选择方法取决于调查的目的。调查方法一般有两种即抽样调查和全面调查。固定观察点调查对象的确定综合运用了上述两种方法。

　　调查村的选择：调查村的选择主要采用的是类型抽样，即分类抽样的方法。根据各省、自治区、直辖市村庄的类型，分山区、丘陵区和平原区，城市郊区和非城市郊区，富裕地区和贫困地区，农区、林区、牧区、渔区，然后在各类型内抽取一定单位构成样本，其总体数量大体为 10 个左右。所以采取这种方式，是由于调查的目的具有综合性，调查的内容包括社会经济的各个方面，不同于一般的专项调查可利用单标志对调查总体进行抽样，只好作类型抽样。我们要求各省、自治区、直辖市所选村点必须反映本省、自治区、直辖市农村经济的总体水平，反映本省、自治区、直辖市农村社会经济

①　资料来源：中华人民共和国农业部农村经济研究中心网站（www. moa. gov. cn/sydu/nejjzx/gal-gzdt/gzdtg/201302/t20130225_ 3225848. htm）。

的基本面貌。

农户的调查有两种办法：一是抽样调查；二是全面调查。当时采用的抽样方法有多种，或按收入水平的高低、承包耕地面积的多少抽样，或按户口簿的顺序、居住的顺序抽样。在有足够调查力量的情况下，采取全面调查的方法。其好处是全面占有村中各户基本情况的数据，可避免对村调查时对某些数据进行推算，有利于提高调查的准确性。调查要求被调查户一经确定后就不要变换，即样本不能轮换。被调查户分家时的处理采用两种方法：一是对分开的各户都进行调查；二是只调查其中的一户。

3. 调查的内容

农村固定观察点的调查内容的方面很广，内容丰富。固定观察点的工作可分为两个主要方面：一是数据统计。按统一口径全面及时准确地收集各种主要数据，填写上报各种调查表格。二是收集反映动态。同时根据需要与可能完成某些临时性的专题调查任务。固定观察点的调查内容包括农村社会经济的各个方面。这些内容绝大部分已被转化为具体的统计指标设在统计调查表之中。

1986 年至 1991 年所使用的调查表有 6 种，包括村表、户表、企业表、联合体表、牧区村表和牧户表，设置的指标总计达到 1100 个。为了使调查内容适应变化的农村经济形势，从 1993 年始对基础调查指标体系进行了修改，增加了一部分社会指标和反映商品经济发展的指标。1995 年、2003 年和 2009 年前后，又对指标进行了不同程度的修订完善。村综合调查表的调查内容主要包括：人口情况、农户、基层组织情况、劳动力情况、土地情况、生产性固定资产情况、农林牧副渔业生产及产品出售情况、全村经营收入和经营费用、村集体财务收支情况和社会情况等。

农户调查表的调查内容包括：人口情况、劳动力情况、土地情况、固定资产情况、农作物播种面积和主要农产品产量、出售农产品情况、购买生产资料情况、家庭经营概况、家庭全年收支情况和全年主要食物消费量和主要耐用物品年末拥有量。

4. 调查的组织与数据资料的收集整理

1986—1989 年，固定观察点的工作，在中央农研室、国务院农研中心农村社会经济调查领导小组的统一安排和指导下进行，领导小组办公室负责日常具体的工作。包括统计方案的设计，数据的汇总分析等请国家统计局农村司、农调总队等有关部门协同进行。各省、自治区、直辖市党委或政府的农村工作部门负责此项工作的组织实施，观察点所在的县亦有专人负责，解决工作中出现的各种问题。观察点所在的县大部分以县委农工部（政研室、农委）等的人员参与，各村聘请辅助调查员，一般每10户设辅助调查员1人。各省固定观察点主管部门亦根据自己的实际情况为调查户建立了家庭日记账，调查户发生的每一项经济活动均被完整地记录在日记账上，村里的辅助调查员定期对此进行整理检查，年底进行基础调查时对记账数据进行整理，填写统计表。统计表填写完成后上报省固定观察点主管部门，进行计算机录入并上报全国农村社会经济调查领导小组。数据和情况的上报，无须经地、县、乡的中间环节。

1990年后，全国农村固定观察点的工作由中央政策研究室和农业部共同领导，并成立中央政研室、农业部农村固定观察点办公室由其组织实施。基础调查一般一年汇总上报一次，每年的统计数据在下年的第一季度汇总完毕。观察点上的新情况、新问题，一般一个季度作一次书面汇报，遇有紧急重大情况随时上报。统计制度经国家统计局国统函〔2001〕185号文正式批准。

目前农村固定观察点系统有调查农户23000户，调查村350个行政村，调查企业约600家，样本分布在全国除台港澳外的31个省市区。

### 三　其他数据来源

除宿迁市和农村固定观察点的微观调查数据外，现有的官方统计数据、统计年报以及相关文献等二手资料也为本书的研究提供了数据支持，主要包括：《中国统计年鉴》（历年）、《中国农村统计年鉴》（历年）、《中国人力资源和社会保障年鉴》（历年）、《中国人口和就业统计年鉴》（历年），中华人民共和国人力资源和社会保障部网站、中国社会保障网、中华人民共和国国家统计局网站等。

## 第五节　当前农户对新农保制度的主观评价

本节将以宿迁市为例，采用抽样调查的方法，从当前农户养老观念、对新农保制度的主观评价、农户新农保参保缴费情况、新养老保险制度实行现状以及捆绑政策的影响四个方面进行分析总结。

### 一　当前农户养老观念的调查

1. 农户对当前农村养老现状的整体评价

表4－2给出了样本农户对当前农村养老现状的整体评价，从表中可以看出，多数样本农户对当前农村的养老现状"比较满意"，其次是选择"非常满意"，这两类样本农户共有289人，占样本总数的96.98%。由此可见，在调查地区农户对当前农村养老现状整体较为满意。

表4－2　　　　　　　　农户对养老现状的感知情况统计

| 项目 | 分类 | 样本量 | 比例（%） |
|---|---|---|---|
| 对当前农村养老现状的满意度 | 非常满意 | 76 | 25.50 |
| | 比较满意 | 213 | 71.48 |
| | 比较不满意 | 7 | 2.35 |
| | 非常不满意 | 2 | 0.67 |
| 对未来养老担忧情况 | 非常担心 | 213 | 71.48 |
| | 比较担心 | 57 | 19.13 |
| | 不担心 | 28 | 9.40 |

资料来源：根据调查数据计算整理所得。

2. 农户对未来养老的担忧情况

从表4－2中可以看出，大多数样本农户对自己以后的养老问题"非常担心"和"比较担心"，分别占样本总数的71.48%和19.13%，只有9%的样本农户表示不担心自己以后的养老问题。由此可见，尽管大多数样本农户对当前农村的养老问题整体比较满意，但是他们多数依然会担心自己以后的养老问题。

3. 农户以后理想的养老方式统计情况

图4－4给出了样本农户以后最理想的养老方式统计情况，从图中可以看出，选择新农保作为自己以后最理想的养老方式的农户最多，占样本总量的34%；其次是自己储蓄，占样本总量的28%。而作为中国长期以来最重要的两种养老保障——子女养老和土地养老，在本次调查中被选择的比例较低，分别只有16%和10%，这在一定程度上验证了上文中第三章第二节的相关结论，在当前中国农村，子女养老保障功能和土地养老保障功能正在逐步弱化。

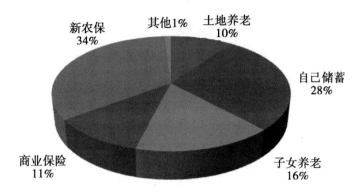

**图 4 - 4　农户未来最理想的养老方式统计**

资料来源：根据调查数据计算整理所得。

4. 农户认为当前养老最低的经济需求统计情况

图 4 - 5 给出了样本农户认为当前养老每月最低经济需求的统计情况，从图中可以看出，大多数样本农户（170 人）认为当前养老每月最低的经济需求为"401—500 元"，而当前该地区新农保每月的基础养老金仅为 60 元，由此可见，当前新农保的基础养老金与农户养老的经济需求还有较大的差距。

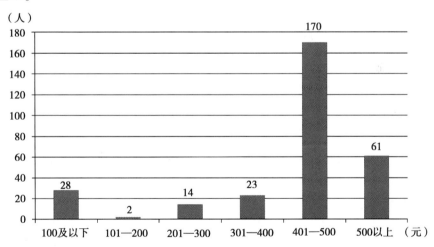

**图 4 - 5　农户认为当前养老每月最低的经济需求统计**

资料来源：根据调查数据计算整理所得。

### 二 农户新农保参加和缴费情况

表4-3给出了样本农户养老保险参加和缴费情况的统计结果，主要包括旧农保和新农保的参加情况、新农保的缴费档次以及参加新农保的原因。从表中可以看出，样本农户新农保的参加率明显高于旧农保，新农保的参加率达到了98.99%，这说明相对旧农保，新农保对于农户的吸引力有了较大的提升。

从缴费档次来看，当前绝大多数样本农户（86.24%）选择了最低档（100元），选择"100元"和"200元"档次的农户占样本总数的98.32%，说明高缴费档次对农户的吸引力有待增强。

关于参加新农保的主要原因，只有不到1/3（29.87%）的样本农户是为了"年老后生活会有保障"。此外，分别有51.34%和15.10%的样本农户参加新农保的原因是"为了家中60岁以上的老人能够领取养老金"和"政府和集体有财政补贴"。这两个方面也是新农保与旧农保的两个主要差别。由此可见，当前新农保政策中关于政府补贴和"捆绑条款"的相关规定对农户的参保行为具有积极影响。

表4-3 　　　　　　　　农户养老保险参加和缴费情况

| 项目 | 分类 | 样本量 | 比例（%） |
| --- | --- | --- | --- |
| 旧农保的参加情况 | 参加 | 226 | 75.84 |
| | 未参加 | 72 | 24.16 |
| 新农保的参加情况 | 参加 | 295 | 98.99 |
| | 未参加 | 3 | 1.01 |
| 新农保的缴费档次 | 100元 | 257 | 86.24 |
| | 200元 | 36 | 12.08 |
| | 300元 | 3 | 1.01 |
| | 400元 | 2 | 0.67 |
| | 500元 | 0 | 0 |
| | 600元 | 0 | 0 |

续表

| 项目 | 分类 | 样本量 | 比例（%） |
|---|---|---|---|
| 参加新农保的主要原因 | 年老之后生活会有保障 | 89 | 29.87 |
| | 有财政补贴的政府和集体 | 45 | 15.10 |
| | 为了家中 60 岁以上的老人能够领取养老金 | 153 | 51.34 |
| | 亲戚朋友建议 | 6 | 2.01 |
| | 看别人参加也跟着参加 | 3 | 1.01 |
| | 其他 | 2 | 0.67 |

数据来源：根据调查数据计算整理所得。

### 三　对新农保制度的整体评价

表 4-4 给出了样本农户对新农保制度的认知和整体评价情况的统计结果，主要包括"对新农保缴费和养老金发放方式的了解情况""对新农保收益的主观评价"和"对新农保制度的满意度"三个方面。关于农户对新农保缴费和养老金发放方式的了解情况，有 86.91% 的样本农户选择"非常了解"或"比较了解"，剩下 13.09% 的样本农户则"了解较少"或"完全不了解"，由此可见，当前农户对新农保制度的认知情况还有待进一步提高。关于农户对新农保收益的主观感受，有 71.81% 的样本农户认为参加新农保"非常划算"，剩下 28.19% 的样本农户认为新农保的收益"一般"，本次调查中没有农户认为参加新农保"不划算"。关于农户对新农保制度的满意度，绝大多数样本农户（88.59%）对当前新农保制度"非常满意"和"满意"，有 0.67% 的样本农户表示对新农保制度"不满意"。

表 4-4　　　　　　农户对新农保制度的认知和整体评价情况

| 项目 | 分类 | 样本量 | 比例（%） |
|---|---|---|---|
| 对新农保缴费和养老金发放方式的了解情况 | 非常了解 | 84 | 28.19 |
| | 比较了解 | 175 | 58.72 |
| | 了解较少 | 36 | 12.08 |
| | 完全不了解 | 3 | 1.01 |

| 项目 | 分类 | 样本量 | 比例（％） |
|---|---|---|---|
| 对新农保收益的<br>主观评价 | 非常划算 | 214 | 71.81 |
| | 一般 | 84 | 28.19 |
| | 不划算 | 0 | 0 |
| 对新农保制度<br>的满意度 | 非常满意 | 174 | 58.39 |
| | 满意 | 90 | 30.20 |
| | 一般 | 32 | 10.74 |
| | 不满意 | 2 | 0.67 |

资料来源：根据调查数据计算整理所得。

### 四　对新农保相关政策条款的评价

表4-5给出了样本农户对新农保相关政策条款的评价情况，关于基础养老金标准，只有1.01％的样本农户认为新农保基础养老金标准比较合适，剩下98.99％的样本农户认为新农保养老金标准偏低。而对于"捆绑条款"的评价，有69.79％的样本农户认为"捆绑条款""不合理"或"很不合理"，说明在调查地区，大多数农户对"捆绑条款"在主观上并不认同。对于当前新农保采取的个人、集体和政府共同分担缴费方式的评价，有82.89％的样本农户认为这种方式是合理的，剩下17.11％的样本农户认为这种方式"不合理"或"很不合理"，说明总体而言，当前新农保的缴费方式能被大多数农户所接受。

表4-5　　　　　　　　　农户对新农保相关政策条款的评价情况

| 项目 | 分类 | 样本量 | 比例（％） |
|---|---|---|---|
| 认为基础养老金标准 | 偏高 | 0 | 0 |
| | 合适 | 3 | 1.01 |
| | 偏低 | 295 | 98.99 |
| 对"捆绑条款"的评价 | 合理 | 34 | 11.41 |
| | 基本合理 | 56 | 18.79 |
| | 不合理 | 157 | 52.68 |
| | 很不合理 | 51 | 17.11 |

续表

| 项目 | 分类 | 样本量 | 比例（%） |
|------|------|--------|-----------|
| 对个人、集体和政府共同分担缴费方式的评价 | 合理 | 247 | 82.89 |
| | 基本合理 | 0 | 0 |
| | 不合理 | 46 | 15.44 |
| | 很不合理 | 5 | 1.68 |

资料来源：根据调查数据计算整理所得。

# 第五章　新农保社会福利效应的测算与分析

养老保险制度的基本目标是减少老年贫困和调节收入差距（封进，2004）。新农保的出发点是扩大农村养老保险的覆盖范围，与以往的农村社会养老保险制度相比，主要特点是通过政府财政补贴来形成个人参保缴费的激励机制，因而新农保试点以来受到了农户的广泛欢迎，参保率迅速提高。然而，我们在评价任何一种社会制度时，不能只强调效率而忽略其公平的一面，对于社会养老保险制度而言，公平性主要体现在其所发挥的收入再分配效应。传统的养老保险模式包括现收现付制和基金积累制两种类型，一般认为，现收现付制模式具有代际和代内双重再分配功能，而基金积累制模式既不具有代际再分配功能也不具有代内再分配功能。笔者认为理论而言新农保制度具备收入再分配的作用，一方面，新农保作为一项社会保障制度，各级政府对基础养老金和个人养老金均实行不同程度的财政补贴，从而可能产生参保与未参保人群之间的收入再分配；另一方面，即使在同一制度安排下，由于参保人的收入高低、参保时间长短、寿命等因素不同，也会产生收入再分配。此外，目前新农保制度有部分条款仍存在争议，如"捆绑条款"，可能对新农保的收入再分配效应产生影响。

根据前文的文献综述可以发现，当前学术界对新农保收入再分配效应的研究尚处于起步阶段，现有的少数研究也仅限于根据政策规定以某一地区为样本进行测算，而新农保作为一项全国性的农村社会保障制度，采用大样本微观数据进行测算和模拟新农保在全国或区域范围内的收入再分配效应以及由此导致的社会福利水平的变化显得更有意义。此外，关于新农保政策中的"捆绑条款"，已有部分学者从理论和现实等维度探讨了该条款的合理性及可能导致的社会问题（李冬妍，2011；徐璐璐，2012；盛学军、刘广明，2012），但目前尚无学者利用微观数据来验证"捆绑条款"对新农保收入再分配效应的影响。因此，本章以缩小农村收入差距和提高农村社会福利水平为出发点，采用全国农村固定观察点的微观调查数据，在对数据进行测算和模拟的基础上，探讨新农保这一制度安排究竟产生了怎样的收入再分配效应，以及微观个体收入分配变化后导致社会福利效应如何变化等问题，同时，讨论"捆绑条款"对新农保发挥收入再分配效应和社会福利效应的影响。

## 第一节　收入再分配和社会福利的测量方法

### 一　衡量收入分配状况的方法

1955 年，著名学者库兹涅茨（Simon Kuznets）在《经济增长和收入不平等》一文中指出，经济发展与收入分配不平等之间呈倒"U"形的关系，即随着经济的发展和人均国民生产总值的提高，收入分配的不平等程度呈先上升后下降的变化趋势。此后，收入分配问题长期以来备受国内外学者的关注。改革开放以前，由于居民收入来源几乎全部为劳动收入，收入来源单一，加之国家严格的计划统计，货币收入是比较清晰的，若将实物收入的影响抛开，应当说当时的收入分配的衡量是比较容易的。改革开放后，特别是市场经济体制改革以来，分配方式的多样化，不仅促进了城镇劳动力整体收入水平的提高，也促使收入结构发生了极大的变化，制度外收入急剧增长，这就使得对收入的统计成为十分困难的事情（曾湘泉，2008），同时，也使得收入分配不平等的问题日益凸显。常见的测量收入差距的方法主要有变异指标（包括全距、平均差、方差和标准差、变异系数等）、洛伦兹曲线和基尼系数等。这些指标各有特点，目前被广泛接受和使用的衡量收入差距的方法是基尼系数，该方法建立在洛伦兹曲线的基础之上。在对各种收入分配情况进行对比时，根据基尼系数能够得出比较明确的结论。以下将对洛伦兹曲线和基尼系数的原理和测算方法进行简单介绍。

洛伦兹曲线（Lorenz curve）是在 1905 年由美国统计学家洛伦兹率先提出来的，是用来衡量社会收入分配（或财产分配）平等程度的曲线，可以对一个国家在不同时期或者不同国家在同一时期人们的收入和财富分配的平等状况进行比较和分析。该方法的具体做法是：首先将总人口按收入的多少由低到高平均分为 5 组，即每组人口均占总人口的 1/5，然后再计算出每组人口的收入占总收入的百分比，据此来评价社会收入分配状况。表 5 – 1 为收入分配绝对平等和收入分配不平等的举例比较。

| 收入分组 | 占人口百分比 | | 绝对平等的情况 | | 不平等的情况 | |
|---|---|---|---|---|---|---|
| | 百分比 | 累计 | 占收入的百分比 | 累计 | 占收入的百分比 | 累计 |
| 最低组 | 20 | 20 | 20 | 20 | 5 | 5 |
| 第二组 | 20 | 40 | 20 | 40 | 10 | 15 |
| 第三组 | 20 | 60 | 20 | 60 | 15 | 30 |
| 第四组 | 20 | 80 | 20 | 80 | 30 | 60 |
| 最高组 | 20 | 100 | 20 | 100 | 40 | 100 |

**表 5 – 1**                   **五等分收入组收入分配状况**              单位:%

资料来源：自己画的表无来源。

将表中的数据用折线图表示成图 5 – 1。在图 5 – 1 中，$OI$ 表示收入百分比，$OP$ 表示人口百分比。连接 $O$ 点与 $Y$ 点的直线是绝对平等线，该线上的任何一点到纵坐标和横坐标的距离都是相等的，对角线上的任何一点都表示：总人口中一定百分比的人口所拥有的收入，在总收入中也占相同的百分比。如果社会收入是按这种情况分配，则说明社会收入分配是绝对平等的。图 5 – 1 中的 $OPY$ 线为绝对不平等线，表示社会的全部收入全部归一人所有，剩下的人的收入均为零。而介于上述两个极端曲线之间的则为实际收入分配曲线，即洛伦兹曲线，在图 5 – 1 中用曲线 $D$ 表示。在这条实际收入分配曲线上，除了 $O$ 点和 $Y$ 点以外，任何一点到两个坐标轴之间的距离均不相等。洛伦兹曲线上的每一点都表明：在总人口中所占一定比例的人口拥有的收入在总收入中所占的比例。

在洛伦兹曲线的基础上，20 世纪初意大利经济学家科拉多·基尼（Corrado Gini）提出了一个新的判断收入分配平等程度的指标，即基尼系数（Gini coefficient）。在图 5 – 1 中，假设洛伦兹曲线 $D$ 和收入分配绝对平等线之间的面积为 $S_a$，洛伦兹曲线与绝对不平等线 $OPY$ 围成的面积为 $S_b$。则基尼系数（$G$）可以表示为 $S_a$ 与 $S_a + S_b$（下三角形的面积）之比，如（5.1）式所示：

$$G = \frac{S_a}{S_a + S_b} \tag{5.1}$$

由（5.1）式可见，若 $S_a = 0$，则基尼系数为零，表示收入分配完全平等，此时洛伦兹曲线 $D$ 与绝对平等线 $OY$ 重合；若 $S_b = 0$，则基尼系数为 1，表示收入分配绝对不平等，此时洛伦兹曲线 $D$ 与绝对不平等线 $OPY$ 重

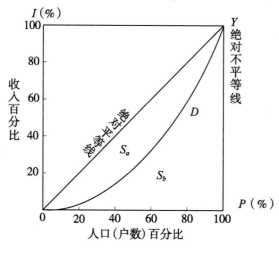

图 5 - 1　洛伦兹曲线图

合。除以上两种情况以外，基尼系数的取值处于 0 和 1 之间。从洛伦兹曲线的弧度可以看出，当社会收入分配越是趋向平等时，洛伦兹曲线越靠近绝对平等线，从而基尼系数也越小，反之，当社会收入分配越是趋向不平等时，洛伦兹曲线越靠近绝对不平等线，从而基尼系数也越大。

当我们在对人们的收入进行排序时，如果不只是像为了刻画洛伦兹曲线那样分组进行排序，而是对所有人口的收入进行排序，我们由此所获得的基尼系数将会更加精确。这种情况下，基尼系数的一般计算公式可以表示为：

$$G = \sum_{i=1}^{n} X_i Y_i + 2 \sum_{i=1}^{n} (1 - V_i) - 1 \qquad (5.2)$$

其中，$X$ 代表各组的人口比重，$Y$ 代表各组的收入比重，$V$ 代表各组累计的收入比重，$i = 1, 2, 3, \cdots, n$。$n$ 代表分组的组数。

实际上，通常情况下基尼系数不会处于 0 或者 1 这两种比较极端的情况，而是介于 0 和 1 之间。根据联合国有关组织规定，当基尼系数低于 0.2 时，表示居民收入绝对平均；基尼系数在 0.2—0.3 之间表示居民收入相对平均；基尼系数在 0.3—0.4 之间表示居民收入相对合理；认为基尼系数在 0.4—0.6 之间为居民收入差距较大，0.6 以上表示居民收入差距悬殊。国际上通常把 0.4 作为收入分配差距的"警戒线"，超过这条"警戒线"时，贫富两极的分化容易引起社会阶层的对立从而导致社会动荡。

## 二 衡量社会福利水平的方法

福利经济学的创始人庇古早在 20 世纪 20 年代就首次提出社会福利的概念，为国民福利核算研究奠定了理论基石。庇古提出了经济福利等于国民收入的命题后，GDP 和 GNP 常被作为社会福利指数的替代。1972 年，美国经济学家威廉·诺德豪斯（Nordhaus）和詹姆斯·托宾（Tobin）提出了"经济福利尺度"（MEW）概念，主张通过对 GDP 的校正得出经济福利指标，其核算模式主要是剔除 GDP 最终产品中无法增加个人福利的部分并加入 GDP 未包括的外部性因素。萨缪尔森（Samuelson）在 1973 年进一步提出了替代 GNP 的"净经济福利"（NEW）指标。但是，这两个指标的核算口径狭窄而模糊，并且其中不包含公共产品产生的经济福利，在现实中推行不广。

1974 年，阿玛蒂亚·森（A. Sen）提出了一个叫社会福利指数（Welfare Index）的指标，用来综合衡量各国社会与经济的全面发展，该指数可以一个简单的公式来表示：

$$S = RY(1 - G) \tag{5.3}$$

其中，$S$ 代表福利指数；$RY$ 代表人均实际收入；$G$ 代表基尼系数。社会福利指数中既包含了基尼系数这一指标代表收入分配不公平程度，又运用人均实际收入这一指标代表了绝对经济福利水平，表明社会福利水平受到居民人均收入和收入差距变化的双重影响，因此，该社会福利指数对社会福利水平的测算具有很强的定量研究意义。

## 第二节 农户新农保参加、缴费和养老金收入情况描述

### 一 数据说明

在探讨新农保的收入再分配效应和社会福利效应之前，有必要对当前新农保试点地区农户的参保和缴费情况以及养老金收入情况进行分析。在对全国农村固定观察点的数据进行筛选的基础上，剔除非试点地区的样本以及无效样本后，还剩下 4000 户样本数据。如表 5 - 2 所示，在全部的4000 个样本户中，有 59.44% 的样本户具有新农保缴费支出，其中，户均缴费金额为 399.19 元；有 29.61% 的样本户获得新农保养老金收入，其中，户均养老金金额为 1048.04 元。下面将从地区差异、经济条件差异以

及家庭人口结构差异等维度对试点地区农户的新农保参加、缴费和养老金收入等情况展开分析。

表 5 – 2　　　全国及各区域农户新农保参加、缴费和养老金收入情况

| 地区 | 样本数 | 参保率<br>（％） | 户均缴费金额<br>（元/户） | 养老金获得率<br>（％） | 户均养老金金额<br>（元/户） |
|---|---|---|---|---|---|
| 东部 | 1289 | 56.10 | 516.05 | 29.26 | 1049.73 |
| 中部 | 1400 | 64.62 | 304.10 | 32.95 | 1062.79 |
| 西部 | 1311 | 57.60 | 377.41 | 26.61 | 1031.60 |
| 合计 | 4000 | 59.44 | 399.19 | 29.61 | 1048.04 |

注："户均缴费金额（元）"和"户均养老金金额（元）"这两项指标分别是以已参保农户和已获得养老金农户为基数的统计。下同。

## 二　不同区域农户新农保参加、缴费和养老金收入情况

从新农保的政策规定来看，不管是缴费环节，还是养老金发放环节，中央政府对东、中、西部各地区的规定较为统一，然而《指导意见》中关于地方财政的补贴却有较强的灵活性，在缴费环节中规定"地方可以根据实际情况增设缴费档次"并且"对选择较高档次标准缴费的，可给予适当鼓励"。因此，东、中、西部各地区农户所面临的新农保政策环境存在一定的差异，政策环境的不同可能导致各地区农户新农保参加、缴费和养老金收入情况的差异。

表 5 – 2 给出了各区域样本农户新农保参加、缴费和养老金收入情况。从参保率来看，东、中、西部地区样本农户的参保率均超过了 50%，其中，中部地区样本农户的参保率最高（为 64.62%），西部地区样本农户的参保率其次（为 57.60%），东部地区样本农户的参保率最低（为 56.10%）。从缴费金额来看，各区域样本农户的户均缴费金额也具有明显差异，在具有新农保缴费支出的农户中，东部地区样本农户的户均缴费金额最高，达到 516.05 元/户；西部地区样本农户的户均缴费金额其次，达到 377.41 元/户；中部地区样本农户的户均缴费金额最低，为 304.10 元/户。

如表 5 – 2 所示，各地区样本农户新农保养老金获得率和户均养老金金额与参保率的大小特点类似，均为中部地区最高、东部地区其次、西部地区最低。从养老金获得率来看，中部地区为 32.95%，东部地区为 29.26%，西部地区为 26.61%。在获得新农保养老金的农户中，从户均新

农保养老金金额来看，中部地区样本农户为 1062.79 元/户，东部地区为
1049.73 元/户，西部地区为 1031.60 元/户。

### 三　不同经济条件农户新农保参加、缴费和养老金收入情况

参加新农保需要一定的经济支出，不同经济条件的农户所面临的经济
约束不同，因而可能导致其参保行为存在一定的差异。由于新农保政策中
包含"捆绑条款"的规定，家庭成员的参保行为与其家庭中老人领取新农
保养老金的资格有直接关系，因此，不同经济条件农户的参保行为的差异
可能导致其新农保养老金收入的不同。关于农户经济条件的衡量，家庭纯
收入代表了农户家庭的现金资产状况，而住房原值则代表了农户的固定资
产状况。

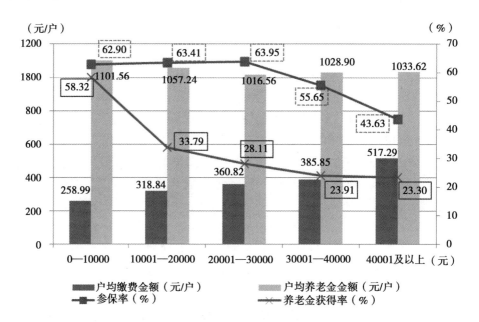

**图 5 - 2　不同家庭纯收入农户新农保参加、缴费和养老金收入情况**

注：图中带有边框的数字为参保率数据，无边框的数字为缴费金额和养老金金额
数据。

资料来源：根据农业部农村固定观察点相关数据整理所得。

图 5 - 2 给出了在将农户家庭纯收入分为"0—10000 元""10001—
20000 元""20001—30000 元""30001—40000 元"和"40001 元及以上"
五个档次的情况下，不同家庭纯收入的农户新农保的参加、缴费和养老金

收入情况。关于新农保参保率，是随着农户家庭纯收入档次的提高，参保率呈现先缓慢上升后迅速下降的变化趋势。"20001—30000 元"档次的参保率最高为 63.95%，随着家庭纯收入档次的提高，农户参保率迅速下降，到"40001 元及以上"档次农户的参保率降至最低为 43.63%。关于新农保户均缴费金额，是农户的纯收入档次越高，其户均缴费金额越高。随着农户家庭纯收入档次的提高，农户的新农保户均缴费金额从"0—10000元"档次的 258.99 元/户逐步上升到"40001 元及以上"档次的 517.29 元/户。关于农户的新农保养老金获得率，是农户的纯收入档次越高，养老金获得率越低。随着农户纯收入档次的提高，养老金获得率从"0—10000 元"档次的 58.32% 逐步下降到"40001 元及以上"档次的 23.30%。关于户均养老金金额，是随着农户纯收入档次的变化，户均养老金金额呈现"先降后升"的变化趋势，但变化幅度较小。

图 5 - 3 给出了在将农户家庭住房原值分为"0—10000 元""10001—20000 元""20001—30000 元""30001—40000 元"和"40001 元及以上"五个档次的情况下，不同家庭住房原值的农户新农保的参加、缴费和养老金收入情况。关于新农保参保率，是随着农户家庭住房原值档次的提高，参保率呈现先上升后缓慢下降并趋于稳定的趋势。"0—10000 元"档次农户的参保率最低为 55.93%。到"20001—30000 元"档次达到最高（为 63.98%），随后缓慢下降到 59.69%。关于新农保户均缴费金额，是随着农户家庭住房原值档次的提高，户均缴费金额呈现"先增后减再增"的变化趋势，户均缴费金额从"0—10000 元"档次的 333.11 元/户逐步上升到"20001—30000 元"档次最高的 446.89 元/户，随后又下降到"40001 元及以上"档次的 441.02 元/户。关于农户的新农保养老金获得率，是农户的住房原值档次越高，其新农保养老金获得率越低。随着农户住房原值档次的提高，养老金获得率从"0—10000 元"档次的 40.17% 逐步下降到"40001 元及以上"档次的 23.66%。关于户均养老金金额，是随着农户住房原值档次的变化，户均养老金金额呈现"先降后升"的变化趋势，但变化幅度较小。

### 四　不同家庭成员状况农户新农保参加、缴费和养老金收入情况

农户的新农保参加和缴费行为除了受到其当前家庭经济条件的影响外，由于可能受到信贷约束，因而农户的预期经济压力也会影响农户新农

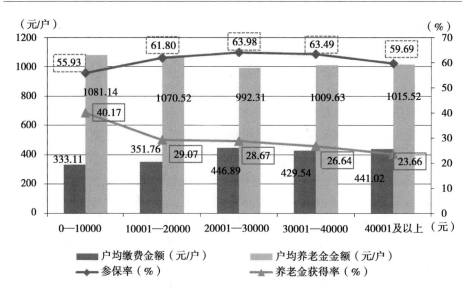

**图5-3　不同家庭住房原值农户新农保参加、缴费和养老金收入情况**

注：图中带有边框的数字为参保率的相关数据，无边框的数字为缴费金额和养老金金额的相关数据。

资料来源：根据农业部农村固定观察点相关数据整理所得。

保的参加和缴费行为。对于当前广大农户而言，预期的经济压力主要来自育幼支出、教育支出和医疗支出等方面。因此，接下来主要讨论农户家庭中学龄前儿童数量、在校学生数量以及家庭成员健康状况与农户新农保参加、缴费和养老金收入之间的关系，具体情况如表5-3所示。

表5-3给出了学龄前儿童数量不同的家庭、在校学生数量不同的家庭以及家庭成员平均健康状况不同的家庭之间的新农保参加、缴费和养老金收入情况。将农户按照家庭中学龄前儿童的数量分为"0个""1个"和"2个及以上"三组。随着家庭中学龄前儿童数量的增加，农户的新农保参保率和户均缴费金额逐步上升，养老金获得率和户均养老金金额逐步下降。参保率和户均缴费金额分别由58.25%和378.02元/户上升到63.64%和522.86元/户，养老金获得率和户均养老金金额分别由31.86%和1067.43元/户下降到22.30%和955.56元/户。

将农户按照家庭中在校生数量分为"0个""1个"和"2个及以上"三组，随着家庭中在校学生数量的增加，农户的新农保参保率、户均缴费金额、养老金获得率和户均养老金金额均呈现逐步下降的变化趋势。参保率由63.66%下降到56.95%，户均缴费金额由422.52元/户下降到329.09

元/户，养老金获得率由 33.26% 下降到 28.73%，户均养老金金额由 1079.38 元/户下降到 997.88 元/户。

将农户按照家庭成员的健康状况（h）分为"h = 1""1 < h≤2""2 < h≤3"和"h > 3"四组，随着家庭成员健康状况的变差，农户的新农保参保率和户均缴费金额逐步下降，养老金获得率和户均养老金金额逐步上升。参保率和户均缴费金额分别由 60.47% 和 405.49 元/户下降到 36.64% 和 287.17 元/户，养老金获得率和户均养老金金额分别由 15.32% 和 999.40 元/户上升到 83.21% 和 1167.16 元/户。

表 5 - 3　　　不同家庭成员状况农户新农保参加、缴费和养老金收入情况

| 项目 | 类别 | 样本数 | 参保率（%） | 户均缴费金额（元/户） | 养老金获得率（%） | 户均养老金金额（元/户） |
|---|---|---|---|---|---|---|
| 学龄前儿童数量 | 0 个 | 3013 | 58.25 | 378.02 | 31.86 | 1067.43 |
| | 1 个 | 866 | 63.51 | 420.13 | 27.83 | 988.38 |
| | 2 个及以上 | 121 | 63.64 | 522.86 | 22.31 | 955.56 |
| 在校学生数量 | 0 个 | 2246 | 63.66 | 422.52 | 33.26 | 1079.38 |
| | 1 个 | 1197 | 61.22 | 370.26 | 26.82 | 1015.48 |
| | 2 个及以上 | 557 | 56.95 | 329.09 | 28.73 | 997.88 |
| 家庭成员平均健康状况（h） | h = 1 | 1527 | 60.47 | 405.49 | 15.32 | 999.40 |
| | 1 < h≤2 | 1935 | 60.45 | 390.33 | 32.87 | 1019.10 |
| | 2 < h≤3 | 407 | 59.21 | 357.99 | 61.18 | 1122.49 |
| | h > 3 | 131 | 36.64 | 287.17 | 83.21 | 1167.16 |

注："家庭成员平均健康状况"家庭所有成员自我认定健康状况（优 = 1，良 = 2，中 = 3，差 = 4，丧失劳动能力 = 5）的平均值。

## 第三节　新农保收入再分配和社会福利效应的测算与分析

### 一　农户新农保缴费和养老金收入分组统计情况

关于新农保缴费和养老金收入分组统计情况，如表 5 - 4 所示，将样本农户按户均新农保缴费金额由小到大十等分分组排序可见，只有不到 60% 的家庭有新农保缴费，户均缴费金额为 231.75 元。在实行"捆绑条款"的情境下，将户均新农保养老金收入由小到大十等分分组排序可见，

只有不到30%的家庭获得了新农保养老金收入，户均养老金收入为293.04元。根据样本农户家庭成员年龄结构状况模拟了在不实行"捆绑条款"（即年满60周岁的老人均可无条件领取基础养老金）的情境下样本农户新农保养老金收入情况，将模拟的户均新农保养老金收入由小到大十等分分组排序可见，获得新农保养老金收入的家庭比例超过了40%，户均养老金收入增加到401.45元。由此可见，"捆绑条款"的实施不仅在总量上显著减少了农户新农保养老金收入（平均减少108.41元），而且在结构上使养老金收入在农户间的分配更为不平等。

表5-4　　　　　　样本户分别按新农保缴费和养老金收入十等分分组的
户均新农保缴费和养老金收入

| 收入分组 | 新农保缴费 | | | 新农保养老金收入（实行"捆绑条款"） | | | 新农保养老金收入（不实行"捆绑条款"） | | |
|---|---|---|---|---|---|---|---|---|---|
| | 均值（元） | 份额（%） | 累计份额（%） | 均值（元） | 份额（%） | 累计份额（%） | 均值（元） | 份额（%） | 累计份额（%） |
| 最低组 | 0.00 | 0.00 | 0.00 | 0.00 | 0.00 | 0.00 | 0.00 | 0.00 | 0.00 |
| 第二组 | 0.00 | 0.00 | 0.00 | 0.00 | 0.00 | 0.00 | 0.00 | 0.00 | 0.00 |
| 第三组 | 0.00 | 0.00 | 0.00 | 0.00 | 0.00 | 0.00 | 0.00 | 0.00 | 0.00 |
| 第四组 | 0.00 | 0.00 | 0.00 | 0.00 | 0.00 | 0.00 | 0.00 | 0.00 | 0.00 |
| 第五组 | 115.95 | 5.00 | 5.00 | 0.00 | 0.00 | 0.00 | 0.00 | 0.00 | 0.00 |
| 第六组 | 200.00 | 8.63 | 13.63 | 0.00 | 0.00 | 0.00 | 44.55 | 1.11 | 1.11 |
| 第七组 | 206.00 | 8.89 | 22.52 | 0.00 | 0.00 | 0.00 | 660.00 | 16.44 | 17.55 |
| 第八组 | 313.05 | 13.51 | 36.03 | 605.55 | 20.66 | 20.66 | 660.00 | 16.44 | 33.99 |
| 第九组 | 413.35 | 17.84 | 53.87 | 968.55 | 33.05 | 53.72 | 1277.10 | 31.81 | 65.80 |
| 最高组 | 1069.19 | 46.13 | 100.00 | 1356.30 | 46.28 | 100.00 | 1372.80 | 34.20 | 100.00 |
| 全部 | 231.75 | 100 | | 293.04 | 99.99 | | 401.45 | 100 | |

注："不实行'捆绑条款'"为模拟的情形。下同。

## 二　新农保收入再分配效应的测算与分析

收入再分配的实质是在承认国民收入初次分配会造成收入差距而又无法消除的情况下，提出来的缓解收入差距的方法和手段。在初次分配中要处理好公平与效率关系，而再分配则要更加注重公平。尽管再分配看上去像某种外生的、事后的因素，是收入差距的果而不是因，但如果政府积极采取相关的收入再分配政策措施，那么对最终的社会收入差距问题而言，收入再分配就成为一个不可忽视的影响因素。对于新农保而言，参保人个人账户中的政府补贴来源于同时期的财政收入，而财政收入主要来源于同时代劳动者所创造的财富，由此可见，新农保的收入再分配效应主要表现为代内再分配（王翠琴、薛惠元，2009）。

基尼系数是一个综合度较高的收入分配状况指数，在收入再分配的研究中，被众多学者用来作为一个常用工具来测度收入差距，本书也采用基尼系数从总体上度量新农保对农民的收入再分配效应。计算基尼系数的方法较多，常见的有几何方法、基尼的平均差方法（或相对平均差方法）、斜方差方法、矩阵方法等（徐宽，2003）。本书选择了陈传波和丁士军（2001）介绍的一种利用 Stata 软件编程的计算方法：将全部样本按人均收入由低到高进行排序，分成若干组（如果不分组，则每一户或每一个人为一组，本书是每一户为一组），计算每组收入占总收入比重（$W_i$）和人口比重（$P_i$），基尼系数的计算公式为：

$$G = 1 - \sum_{i=1}^{n} P_i * (2Q_i - W_i) \tag{5.4}$$

其中：$Q_i = \sum_{k=1}^{i} W_k$，为从 1 到 $i$ 的累积收入比重，带入（5.4）式并结合农户的纯收入、人口规模、新农保缴费和养老金收入等数据便可计算样本农户的基尼系数。收入再分配效应可以分为绝对再分配效应和相对再分配效应两个方面，测度绝对再分配效应的经典方法是马斯格雷夫 – 辛尼指标（Musgrave and Thin measure，MT），用公式表示为：

$$MT = G - G^* \tag{5.5}$$

（5.5）式中，$G$ 表示初始家庭收入状况的基尼系数，$G^*$ 表示包含新农保缴费和养老金收入后的基尼系数。若 $MT$ 为正值，表示新农保缩小了收入不平等程度，具有正的再分配效应；若 $MT$ 为负值，则表示新农保拉大了收入不平等程度，具有负的再分配效应（何立新、佐藤宏，2008）。此外，我们利用再分配系数（$R$）来衡量再分配效应的相对变化，再分配系数（$R$）可表示为：

$$R = \frac{MT}{G} \times 100\% \tag{5.6}$$

表 5 – 5 给出了根据估算得出的 2010 年全国以及东部、中部、西部地区样本农户的人均纯收入、初始基尼系数、新农保缴费后系数的变化、获得新农保养老金后系数的变化、$MT$ 指标和再分配系数（$R$）的值。关于

人均纯收入和初始基尼系数,2010 年全国总样本农户的人均纯收入和初始基尼系数分别为 7720.2 元和 0.3509,东、中、西部地区样本农户的人均纯收入呈递减的趋势,而初始基尼系数呈递增趋势,说明目前我国西部农村地区的收入差距最大、中部次之、东部最小。

关于新农保缴费后基尼系数的变化情况,无论是从全国还是各地区样本统计来看,"新农保缴费后系数的变化"均为负值,说明新农保缴费均会导致样本农户的基尼系数变大,并且新农保缴费对东、中、西部地区样本农户基尼系数的影响呈递增的趋势,说明新农保缴费会导致全国以及东、中、西部地区农户的收入差距扩大,相比较而言,新农保缴费对西部地区农户收入差距的影响最大、中部次之、东部最小。

关于获得新农保养老金后基尼系数的变化情况,无论是否实行"捆绑条款","获得养老金后系数的变化"均为正值,说明获得新农保养老金后会导致全国和各地区样本农户的基尼系数均变小,说明无论是从全国范围还是分各地区来看,新农保养老金收入均能缩小样本农户的收入差距,而从各地区的差异来看,新农保养老金收入对中部地区农户收入差距的影响最大、东部次之、西部最小。

综合考虑新农保缴费支出和养老金收入可以发现,无论是否实行"捆绑条款",新农保的实施均能显著减小全国和各地区样本农户的基尼系数、缩小样本农户的收入差距。而从各地区差异来看,新农保对缩小中部地区样本农户的收入差距最为有利、东部次之、西部最弱。此外,"捆绑条款"对新农保的收入再分配效应的发挥具有抑制作用,从地区差异来看,"捆绑条款"对西部地区农户的影响最大、东部次之、中部最小。

表 5 - 5 全国和各地区基尼系数及参加新农保后基尼系数变化情况

| 地区 | 人均纯收入(元) | 初始基尼系数 | 缴费后系数的变化 | 获得养老金后系数的变化 | | 马斯格雷夫 - 辛尼指标 (MT) | | | 再分配系数 (R) (%) | | |
|---|---|---|---|---|---|---|---|---|---|---|---|
| | | | | 实行"捆绑条款" | 不实行"捆绑条款" | 实行"捆绑条款" | 不实行"捆绑条款" | 差异 | 实行"捆绑条款" | 不实行"捆绑条款" | 差异 |
| 全国 | 7720.2 | 0.3509 | -0.0012 | 0.0048 | 0.0061 | 0.0036 | 0.0049 | 0.0013 | 1.03 | 1.40 | 0.37 |
| 东部 | 9331.7 | 0.3107 | -0.0004 | 0.0042 | 0.0057 | 0.0038 | 0.0053 | 0.0015 | 1.22 | 1.71 | 0.49 |
| 中部 | 7473.4 | 0.3123 | -0.0012 | 0.0069 | 0.0078 | 0.0057 | 0.0066 | 0.0009 | 1.83 | 2.11 | 0.28 |
| 西部 | 6597.0 | 0.3947 | -0.0022 | 0.0037 | 0.0054 | 0.0015 | 0.0032 | 0.0017 | 0.38 | 0.81 | 0.43 |

注:新农保缴费后系数的变化 = 初始基尼系数 - 新农保缴费后的基尼系数;获得新农保养老金后系数的变化 = 新农保缴费后的基尼系数 - 获得新农保养老金后的基尼系数。

### 三　新农保社会福利效应的测算与分析

基尼系数只能评价新农保实施前后样本农户收入差距的变化，并不能体现新农保实施前后样本农户绝对福利水平的变化。而新农保制度除了调节收入差距这一政策目标外，还有另一项重要的政策目标就是提高农村社会福利水平。因此，有必要对新农保的经济福利效应进行科学地测算和分析，以此来探讨新农保的实施对农民经济福利的影响。

表5-6给出了根据（5.3）式计算的2010年全国及各地区农村社会福利指数及参加新农保后社会福利指数的变化情况，当不考虑新农保收益时，全国范围内样本农户的福利指数为5010.8，东、中、西部地区样本农户的福利指数呈递减的趋势。关于考虑新农保收益后社会福利指数的变化，总体上看，无论是否实行"捆绑条款"，新农保的实施均会导致全国及各地区的农村社会福利指数均增加；而分地区来看，新农保对中部地区农村社会福利水平的影响最大、东部次之、西部最小。此外，"捆绑条款"的实施会削弱新农保对农村社会福利指数的影响。

表5-6　　全国和各地区农村社会福利指数及参加新农保后社会福利指数变化情况

| 地区 | 不考虑新农保收益时社会福利指数（$S$） | 考虑新农保收益后社会福利指数（$S^*$） | | | 新农保对农村社会福利指数的影响（$(S^*-S)/S\times100\%$） | | |
|---|---|---|---|---|---|---|---|
| | | 实行"捆绑条款" | 不实行"捆绑条款" | 差异 | 实行"捆绑条款" | 不实行"捆绑条款" | 差异 |
| 全国 | 5010.8 | 5048.9 | 5076.2 | 27.3 | 0.76 | 1.30 | 0.54 |
| 东部 | 6432.1 | 6470.0 | 6507.6 | 37.6 | 0.59 | 1.17 | 0.58 |
| 中部 | 5139.8 | 5209.1 | 5230.7 | 21.6 | 1.35 | 1.77 | 0.42 |
| 西部 | 3993.2 | 4006.5 | 4032.6 | 26.1 | 0.33 | 0.99 | 0.65 |

## 第四节　新农保收入再分配和社会福利效应的预测

### 一　基本思路和前提假设

1. 基本思路

由于新农保具有"长期缴费"和"长期收益"的特点，导致新农保的收入再分配效应和福利效应同样具有长期性。因此，在考察新农保当前的收入再分配效应和社会福利效应后，有必要进一步对新农保的收入再分配效应和社会福利效应进行科学、合理地预测。本研究计划从 2010 年开始，以十年为一个时间段，分别预测 2020 年至 2050 年四个时间点的新农保收入再分配效应和社会福利效应，探讨新农保收入再分配效应和社会福利效应的变化趋势。首先，为了方便统计分析，根据国家对新农保的相关政策规定以及社会经济发展现状，合理地设置预测前提假设条件；其次，依据设置的前提假设，设计农民的缴费模型和收益模型；最后，根据上述模型计算出每个时间段内农民家庭包含新农保缴费支出和养老金收入的新农保纯收益，并根据前文中新农保收入再分配效应和社会福利效应的评价方法预测新农保收入再分配效应和社会福利效应的变化趋势。

2. 前提假设

为了方便统计分析，根据《指导意见》文件的相关规定作出以下假设：（1）假定从 2011 年开始，所有符合参保条件的农民均参保且缴费不中断，对于已参保的农民保持现有的缴费档次不变，对于新参保的农民假定其选择最低缴费档次（100 元）；（2）为简化预测模型的设定情形，不考虑缴费不满 15 年补足缴费的情形；（3）假定基础养老金的标准全国统一（55 元）且保持不变，不考虑集体补助的数额；（4）假定地方政府对个人缴费的补贴标准全国统一为 30 元，且在农民参保缴费的同时记入该参保人的个人账户，不考虑对参保人选择较高缴费档次提高补贴的情形；（5）根据新农保相关政策的规定，假定个人账户养老金的年利率为 3% 且保持不变；（6）假定从 2011 年开始，以后每十年全国及各省的农村家庭纯收入的增长率保持不变[①]；（7）假定人口环境处于封闭状态，即不考虑家庭成员增加、人口迁移和分家等情形；（8）假定各地区的预期寿命[②]固定，不考虑不同性别的寿命差异，且每一个农民根据其所在省份寿命值计算养老金的发放年限；（9）假定新农保的个人缴费和养老金的领取均按年在每年年初进行。

---

① 根据《中国农村统计年鉴》中公布的 2000 年和 2010 年全国及各省的农村家庭纯收入，计算从 2000 年到 2010 年农村家庭纯收入的增长率即为十年全国及各省的农村家庭纯收入增长率，由于篇幅所限，未列出增长率计算结果。

② 农民的预期寿命参考《中国人口和就业统计年鉴 2012》公布的 2010 年全国及各省预期寿命值。

## 二　预测模型设计

### 1. 缴费模型

基于前文的前提假设，农民的参保缴费档次保持不变且持续缴费，从而单个农民的新农保缴费模型可以表示为：

$$P = M_个 \times T_1 \tag{5.6}$$

（5.6）式中，$P$ 为单个农民的新农保缴费总金额；$M_个$ 为农民选择的缴费档次；$T_1$ 为农民的缴费年限。将 $T_1$ 年内家庭中所有符合参保条件成员的参保缴费金额汇总即为 $T_1$ 年内该家庭的新农保缴费总额。

### 2. 受益模型

对于单个农民而言，新农保养老金账户包括基础养老金和个人账户养老金，本书假定基础养老金的标准全国统一且保持不变，个人账户养老金包括个人缴费、政府补贴和利息，单个农民的新农保受益模型可以表示为：

$$I = M_基 \times T_2 + \sum_{i=0}^{T_2} (M_个 + M_补)(1 + r)^i \tag{5.7}$$

（5.7）式中，$I$ 为单个农民的新农保养老金总收入；$M_基$ 和 $M_补$ 分别为基础养老金标准和政府对个人缴费的补贴标准；$r$ 为个人账户的利率标准；$T_2$ 为养老金领取年限。将 $T_2$ 年内家庭中所有符合养老金领取条件成员的养老金收入汇总即为 $T_2$ 年内该家庭的养老金收入总额。综合（5.6）式和（5.7）式得出预测期内单个农民的新农保纯收益（$Y$）表示为：

$$Y = I - P = M_基 \times T_2 + \sum_{i=0}^{T_2} (M_个 + M_补)(1 + r)^i - M_个 \times T_1 \tag{5.8}$$

## 三　预测结果分析

根据设置的前提假设和预测模型，结合 2010 年样本农户家庭成员情况和新农保参保情况等数据，预测未来四十年新农保对样本农户的收入再分配和社会福利水平影响的变化趋势。

表 5-7 给出了全国及东、中、西部地区样本农户从 2010 年开始的未来四个 10 年内 $MT$ 指标和再分配系数（$R$）变化的预测结果。总体来看，自 2010 年起的 40 年内，代表绝对再分配效应的 $MT$ 值为正数，说明新农保能在较长时间内持续减小样本地区农户的基尼系数。关于新农保对样本地区农户基尼系数影响的变化趋势，从自 2010 年起的 40 年内的纵向变化来看，无论是全国还是东、中、西部各地区，代表绝对再分配效应的 $MT$

值和代表相对再分配效应的 R 值随时间增加均呈现 "先增后减" 的变化趋势；从东、中、西部地区的横向比较来看，自 2010 年起的 30 年间，新农保对不同地区基尼系数影响的绝对变化（ MT 值）和相对变化（ R 值）均是中部最大、东部次之、西部最小，而到了 2050 年，新农保对不同地区基尼系数影响的绝对变化（ MT 值）则变为东部最大、西部次之、中部最小，新农保对不同地区基尼系数影响的相对变化（ R 值）则变为东部最大、中部次之、西部最小。由此可见，新农保能在较长时期内缩小农村地区的收入差距，在短期内，新农保调节收入差距的作用会增大，但随着时间推移，新农保在东、中、西部各地区调节收入差距的作用均会逐渐减小，且中部地区减小的幅度较东、西部地区更大。

表 5 - 7　　　　　　　　新农保对全国及各地区农户收入差距的影响预测

| 指标<br>年份<br>地区 | MT | | | | | R（%） | | | | |
|---|---|---|---|---|---|---|---|---|---|---|
| | 2010 | 2020 | 2030 | 2040 | 2050 | 2010 | 2020 | 2030 | 2040 | 2050 |
| 全国 | 0.0036 | 0.0082 | 0.0072 | 0.0064 | 0.0050 | 1.03 | 2.34 | 2.00 | 1.73 | 1.30 |
| 东部 | 0.0038 | 0.0103 | 0.0078 | 0.0067 | 0.0057 | 1.22 | 3.22 | 2.34 | 1.90 | 1.54 |
| 中部 | 0.0057 | 0.0141 | 0.0093 | 0.0070 | 0.0047 | 1.83 | 4.44 | 2.85 | 2.07 | 1.33 |
| 西部 | 0.0015 | 0.0034 | 0.0061 | 0.0061 | 0.0048 | 0.38 | 0.85 | 1.51 | 1.50 | 1.16 |

关于新农保对农村社会福利指数影响的变化趋势，如表 5 - 8 所示，从纵向变化来看，自 2010 年起的 40 年内，无论是全国还是东、中、西部各地区，新农保的实施均能提高样本农户的社会福利指数，且新农保对社会福利指数的影响随时间推移均呈现 "先增后减" 的变化趋势；从东、中、西部地区的横向比较来看，自 2010 年起的 10 年间，新农保对不同地区社会福利指数的影响是中部最强、东部次之、西部最弱，而到 2030 年，新农保对不同地区社会福利指数影响则变为东部最强、中部次之、西部最弱，在随后的 20 年依然保持同样的特点。由此可见，新农保能在较长时期内提高农村社会福利水平，在短期内，新农保对农村社会福利水平的影响会增大，但随着时间推移，新农保对东、中、西部各地区农村社会福利水平的影响均会减小，且中部地区减小的幅度较东、西部地区更大。

表 5 - 8　　　　　新农保对全国及各地区农村社会福利指数的影响预测　　　　单位:%

| 年份<br>地区 | 2010 | 2020 | 2030 | 2040 | 2050 |
|---|---|---|---|---|---|
| 全国 | 0.76 | 3.59 | 4.49 | 3.56 | 2.48 |
| 东部 | 0.59 | 4.32 | 5.27 | 4.13 | 2.99 |
| 中部 | 1.35 | 5.51 | 5.14 | 3.65 | 2.33 |
| 西部 | 0.33 | 1.25 | 3.26 | 3.01 | 2.21 |

## 第五节　本章小结

　　本章利用农业部农村固定观察点收集的全国农村抽样调查数据，在对当前农户新农保参加、缴费和养老金收入情况进行描述的基础上，测算了当前新农保的收入再分配效应和社会福利效应及其变化趋势，初步得出了以下几点结论:

　　第一，当前新农保的实施能有效缩小农村居民的收入差距和提高农村社会福利水平，具有正向收入再分配效应。新农保缴费会扩大农村居民的收入差距，而养老金收入会缩小农村居民的收入差距。

　　第二，从东、中、西部地区间比较来看，当前新农保对缩小中部地区农户的收入差距和提高当地农村社会福利水平最为有利、东部次之、西部最弱。分开讨论新农保的缴费和养老金收入环节，新农保缴费对西部地区农户收入差距的影响最大，而新农保养老金收入则对中部地区农户收入差距的影响最大。

　　第三，当前新农保政策中"捆绑条款"的实施不仅在总体上显著减少了农户新农保养老金收入，而且使养老金在农户间的分配更为不平等。此外，"捆绑条款"对新农保的收入再分配效应及社会福利效应均具有抑制作用，"捆绑条款"对中部地区农户收入差距和社会福利水平的影响程度最小。

　　第四，在现有政策框架下，新农保的实施能持续缩小农村居民的收入差距、提高农村社会福利水平，在短期内，新农保调节农村居民收入差距和提高农村社会福利水平的作用会增大，而若新农保的待遇水平长期保持不变，新农保在全国以及东、中、西部各地区发挥的收入再分配效应和社会福利效应会减弱，且中部地区下降的幅度较东、西部地区更大。

# 第六章　新农保制度对农村老人劳动供给的影响分析

　　与城镇退休职工不同，在新农保广泛试点之前，绝大多数农村老人没有退休金，也没有足够的储蓄可以为他们的老年生活提供经济保障。近些年，在中国农村家庭的财富和收入不断增加之时，中国农村老人从事农村生产的可能性在变大。长期以来，中国农村家庭养老是老年保障的主要方式，但随着家庭的核心化和青壮年劳动力的外出就业，一方面，越来越多的老人不再与其子女居住在一起，他们不能完全依靠子女为其提供日常生活和农业生产方面的帮助，这在很大程度上迫使老人继续劳动，特别是在农业生产方面（庞丽华等，2003）；另一方面，当前部分农村地区土地流转市场仍不够完善，不能把土地租出去，进一步减少了老年人退休时可能获得的收入，促使年纪较大的农民继续耕种分给自家的地。研究发现在超过退休年龄的农村男性及女性中，有50.53%的男性及32.14%的女性确认劳动收入仍然是他们最主要的经济来源。2009年9月国务院开始新农保的试点工作，标志着我国农村社会养老保障制度的发展进入了一个新的阶段。可以预见，随着我国农村养老保障体系的日益完善，我国农村老人的经济条件将得到逐步提高。尽管如此，目前新农保政策规定的基础养老金标准与城镇职工养老保险的待遇相比仍然差距较大，这种背景下，实证检验新农保养老将对我国农村老人劳动供给行为产生怎样的影响具有重要意义。

　　关于农村老人的劳动供给行为，主要可以从劳动参与率和劳动时间这两个维度来考量。对劳动参与率，在目前有关农村老人劳动供给行为为数不多的研究中，主要探讨是否有养老金对农村老人农业劳动参与率的影响。关于劳动时间，与劳动参与率相比更能体现农村老人劳动参与的深度，并且农村老人的劳动分为农业劳动和非农劳动两种形式，对不同劳动形式的影响可能存在差异。此外，目前新农保政策只规定了基础养老金的最低标准，各地区可根据实际情况提高标准，因而不同地区老人的养老金数量可能存在一定差异，这种情况下，讨论新农保养老金的数量对农村老人劳动供给行为的影响比讨论是否有养老金对农村老人劳动供给的影响更有意义。

基于以上背景，本章重点关注的问题是：当前新农保养老金能否减少农村老人的劳动供给，以及对不同类型劳动供给（农业劳动、本地非农劳动和外出就业劳动）的影响是否存在差异？考虑性别、年龄、健康状况和地区差异等因素（刘生龙，2008；李琴、宋月萍，2009；李旻、赵连阁，2010；李琴、郑晶，2010；谭娜、周先波，2013），新农保养老金对不同类型农村老人劳动供给的影响是否存在差异？

## 第一节　理论框架和模型设定

按照经济学的假设，人们在经济活动中是完全理性的，并以个人或家庭利益最大化为目标，因此，人们从事劳动是为了获得相应的收入，这种收入成为购买消费品获取效用的重要保证，并且人们总是在预算约束框架内进行消费，不可能出现消费超过收入的情形（存在借贷情形的除外）。根据劳动供给模型，工资水平和闲暇偏好为影响个体劳动供给的重要因素。

本书主要考察养老金收入对农村老人劳动供给的影响，农村老人由于身体条件和健康状况的限制，导致其参与劳动的能力大大降低，从而对闲暇的偏好增大。对于农村老人来说，在没有养老金收入的情况下，如果无法通过其他家庭成员的帮助来满足基本生活需求，便不得不劳动更长时间以获取收入；在获得养老金的情况下，老人有三种选择：增加消费而不增加闲暇、增加闲暇而不增加消费、既增加闲暇又增加消费。由此可见，获得养老金对老人闲暇和消费的影响具有不确定性，取决于老人对闲暇和消费的偏好，而老人对闲暇和消费的偏好可能因为年龄、健康状况及家庭资源禀赋不同而存在差异。

根据个体劳动供给决策模型，且充分考虑老人生存需要及个人和家庭特征对闲暇和消费偏好的影响，建立农村老人劳动供给模型。考虑单一老人的决策情形，构造关于农村老人消费和享受闲暇的严格凹性效用函数如下：

$$\max U = U[c, l; \alpha(H^s, H^f)] \tag{6.1}$$

$$s.t.\quad c = F(l_a,A) + w_n l_n + w_{out} l_{out} + y \tag{6.2}$$

其中，$c$ 为家庭总消费；$l$ 为闲暇；$\alpha(H^s,H^f)$ 表示偏好，是由个人特征 $H^s$ 和家庭特征 $H^f$ 共同决定；$F(l_a,A)$ 为农业收入，$A$ 为耕地面积；$l_a$、$l_n$ 和 $l_{out}$ 分别表示农业劳动时间、本地非农工作时间和外出打工时间；$w_n$ 和 $w_{out}$ 分别表示本地非农工资率和外出就业工资率；$y$ 为其他非劳动收入，如养老金收入、亲友的馈赠等。

通过求解（6.1）式和（6.2）式，老人劳动供给函数可以表示为：

$$l_{(a,n,out)} = f[w_n,w_{out},y,A,\alpha(H^s,H^f)] \tag{6.3}$$

由此可见，农村老人的劳动供给行为主要受本地非农工资率、外出就业工资率、非劳动收入、耕地面积和个人偏好的影响。对于单个老人来说，无论是本地非农就业还是外出就业，他们对当前的工资水平都是价格接受者。所以本地非农工资率和外出就业工资率被视为外生，并且为预期不可观测变量。本书主要考察新农保养老金收入、耕地面积和个人偏好这三类因素在其中的作用，根据以上理论分析，为了便于实证分析和处理，将（6.3）式简单线性化，构建计量模型为：

$$l_{(a,n,out)\,i} = \beta_0 + \beta_1 y_{old_i} + \beta_2 A_i + \beta_3 H_i^s + \beta_4 H_i^f + \varepsilon_i \tag{6.4}$$

其中，$i$ 表示调查的每一个样本；$l_{(a,n,out)\,i}$ 为因变量，分别表示农村老人在农业生产、本地非农就业和外出就业的劳动时间；$y_{old_i}$ 表示家庭获得的新农保养老金收入；$A_i$ 表示家庭耕地面积；$H_i^s$ 表示个人特征变量，包括性别、年龄、受教育程度、技术职称、健康状况等，同时，为考察年龄与农村老人劳动供给是否呈倒"U"形关系，本书设置了年龄平方变量；$H_i^f$ 表示家庭特征变量，包括外出就业子女数量、未外出就业子女数量、学龄前儿童数量、在校学生数量、存款和现金总额、住房原值等；$\varepsilon_i$ 为随机误差项，$\varepsilon - N(0,\delta^2)$。对于有些家庭来说，老人没有参加农业劳动或其农业劳动时间近乎为零，这种情况下，如果采用最小二乘法（OLS）会导致估计结果产生偏误（Gronau，1974；Lewis，1974）。针对这种情况，通常可采用 Tobit 模型来进行估计。

## 第二节　数据描述

### 一　数据说明及统计

本章使用的数据是来自农业部农村经济研究中心农村固定观察点全国

范围的农户抽样调查数据，由于本章主要针对新农保养老金收入对农村老人劳动供给行为的影响，因此只选择新农保试点地区家庭中具有 60 岁及以上成员的样本。剔除掉非试点地区和家庭中不含 60 岁及以上成员的样本后，还剩下 1686 个样本家庭，共包含 60 岁及以上人口 2520 人。其中，有 885 个家庭只拥有一位 60 岁及以上成员，占调查户总数的 52.49%；有 772 个家庭拥有两位 60 岁及以上成员，占调查户总数的 45.79%；有 29 个家庭拥有两位以上的 60 岁及以上成员，占调查户总数的 1.72%。

60 岁及以上人口中，有 57.42% 的人从事农业或非农业劳动，每人年均工作 173.85 天；有 51.87% 的人从事农业劳动，每人年均工作 127.94 天；有 15.28% 的人在本地从事非农劳动，每人年均工作 148.13 天；有 5.32% 的人外出就业，每人年均工作 203.84 天。从劳动参与率看，当前农村老人以从事农业劳动为主，从劳动时间上看，农村老人参与非农劳动的时间更长。

### 二　不同类型农村老人的劳动供给特征

1. 不同新农保养老金收入的农村老人劳动供给具有显著差异

将家庭新农保养老金收入划分为 "0 元" "1—1000 元" "1001—2000 元" "2001 元及以上" 四个档次。根据表 6 - 1 的数据可以计算出，大多数农村老人已经获得新农保养老金收入（76.67%），而随着新农保养老金收入档次的提高，老人的劳动参与率和平均劳动时间呈现 "先减后增" 的变化趋势。总体来看，没有获得新农保养老金收入农村老人的各项劳动参与率和平均劳动时间均高于获得新农保养老金收入农村老人。因此，从统计结果来看，新农保对减少农村老人劳动参与的广度和深度均能起到一定的作用。

2. 农村老人劳动供给的性别差异显著

本次调查中，男性样本有 1323 个，女性样本有 1197 个，无论在劳动参与率还是平均劳动时间上，女性样本均明显低于男性样本。根据表 6 - 1 数据可以计算出，关于劳动参与率，男性样本的总劳动参与率比女性样本高 15.01%，其中，农业劳动参与率比女性样本高 11.75%，本地非农劳动参与率比女性样本高 9.21%，外出就业劳动参与率比女性样本高 6.15%。关于平均劳动时间，男性样本的平均总劳动时间比女性样本多 46.78 天，其中，平均农业劳动时间比女性样本多 22.03 天，平均本地非农劳动时间

比女性样本多 14.63 天，平均外出就业时间比女性样本多 10.11 天
（表6-1）。

3. 农村老人劳动供给随年龄增加而逐渐减少

本书将样本老人划分为"60—64 岁""65—69 岁""70—74 岁"
"75—79 岁"和"80 岁及以上"五个年龄段。从表 6-1 可以看出，随着
年龄段的上升，样本数量逐级递减，且农村老人的各项劳动的参与率和平
均劳动时间均呈现递减的变化趋势。从"60—64 岁"年龄段到"80 岁及
以上"年龄段，样本老人的总劳动参与率从 72.62% 降至 7.69%，其中，
农业劳动参与率从 65.21% 降至 6.67%，本地非农劳动参与率从 19.01%
降至 2.56%，外出就业劳动参与率从 8.84% 降至 0%。从"60—64 岁"
年龄段到"80 岁及以上"年龄段，样本老人的平均总劳动时间从 132.38
天降至 9 天，其中，平均农业劳动时间从 87.85 天降至 3.9 天，平均本地
非农劳动时间从 27.72 天降至 5.1 天，平均外出就业劳动时间从 17.74 天
降至 0 天。

4. 不同健康状况农村老人的劳动供给具有显著差异

本书将老人的健康状况划分为"优""良""中""差"和"丧失劳动
能力"五个等级，根据老人对自己健康状况的认定，大部分老人的健康状
况为"良"（841 人）。随着健康状况的逐步变差，老人的各种劳动的参与
率和劳动时间均呈逐步下降的趋势。健康状况从"优"到"丧失劳动
力"，样本老人的总劳动参与率从 71.35% 降至 7.59%，其中，农业劳动
参与率从 63.38% 降至 5.49%，本地非农劳动参与率从 19.54% 降至
1.27%，外出就业劳动参与率从 8.92% 降至 1.27%。健康状况从"优"
到"丧失劳动力"，样本老人的平均总劳动时间从 134.98 天降至 10.67
天，其中，平均农业劳动时间从 87.24 天降至 3.30 天，平均本地非农劳动
时间从 28.36 天降至 3.06 天，平均外出就业劳动时间从 19.38 天降至 4.30
天（表6-1）。

5. 农村老人劳动供给的地区差异明显

从表 6-1 可以看出，东部地区农村老人除了平均农业劳动时间低于
西部地区农村老人外，其余各项劳动参与率和平均劳动时间均高于中部和
西部地区农村老人。关于中部地区农村老人和西部地区农村老人之间的比
较，中部地区农村老人的总劳动参与率要高于西部地区的农村老人，但是
本地非农劳动时间要低于西部地区老人。从不同类型的劳动来看，中部地

区农村老人的农业劳动参与率要高于西部地区的农村老人，但是平均农业劳动时间要低于西部地区老人；中部地区农村老人的本地非农劳动参与率要低于西部地区的农村老人，但是本地非农劳动时间要高于西部地区老人；中部地区农村老人的外出就业劳动参与率和平均外出就业劳动时间均高于西部地区的农村老人。说明总体情况下，东部地区老人较中部和西部地区老人更愿意参加劳动并且平均劳动时间更长（平均农业劳动时间除外），中部地区老人比西部地区老人更愿意参加劳动，但劳动时间要相对更短。

表 6 – 1　　　　　　　　　不同类型农户的劳动参与率与劳动时间统计

| 分类 | 样本数 | 参与率（%） | | | | 平均劳动时间（日） | | | |
|---|---|---|---|---|---|---|---|---|---|
| | | 总劳动 | 农业劳动 | 本地非农劳动 | 外出就业 | 总劳动 | 农业劳动 | 本地非农劳动 | 外出就业 |
| 养老金收入（元） | | | | | | | | | |
| 0 | 588 | 70.75 | 62.59 | 20.92 | 8.67 | 143.48 | 91.30 | 34.20 | 17.97 |
| 1—1000 | 701 | 41.51 | 37.80 | 11.55 | 4.28 | 70.82 | 46.85 | 15.31 | 8.66 |
| 1001 及以上 | 1231 | 60.11 | 54.75 | 14.70 | 4.31 | 95.50 | 65.55 | 21.28 | 8.67 |
| 性别 | | | | | | | | | |
| 男 | 1323 | 64.55 | 57.45 | 19.65 | 8.24 | 122.05 | 76.82 | 29.58 | 15.64 |
| 女 | 1197 | 49.54 | 45.70 | 10.44 | 2.09 | 75.27 | 54.79 | 14.95 | 5.53 |
| 年龄（岁） | | | | | | | | | |
| 60—64 | 1052 | 72.62 | 65.21 | 19.01 | 8.84 | 132.38 | 87.85 | 27.72 | 17.74 |
| 65—69 | 601 | 66.39 | 61.23 | 18.64 | 4.33 | 116.40 | 80.13 | 26.79 | 8.55 |
| 70—74 | 407 | 49.14 | 43.73 | 13.27 | 2.95 | 75.59 | 48.90 | 20.27 | 6.43 |
| 75—79 | 265 | 26.04 | 23.40 | 5.28 | 1.13 | 37.08 | 22.59 | 11.11 | 3.38 |
| 80 及以上 | 195 | 7.69 | 6.67 | 2.56 | 0.00 | 9.00 | 3.90 | 5.10 | 0.00 |
| 健康状况 | | | | | | | | | |
| 优 | 527 | 71.35 | 63.38 | 19.54 | 8.92 | 134.98 | 87.24 | 28.36 | 19.38 |
| 良 | 841 | 69.32 | 62.54 | 17.75 | 6.06 | 121.34 | 79.83 | 28.70 | 12.81 |
| 中 | 586 | 58.02 | 54.10 | 16.65 | 4.78 | 97.93 | 70.17 | 20.53 | 7.22 |
| 差 | 329 | 39.51 | 35.56 | 10.64 | 1.52 | 56.15 | 37.10 | 15.78 | 3.28 |
| 丧失劳动能力 | 237 | 7.59 | 5.49 | 1.27 | 1.27 | 10.67 | 3.30 | 3.06 | 4.30 |

| 分类 | 样本数 | 参与率（%） | | | | 平均劳动时间（日） | | | |
|---|---|---|---|---|---|---|---|---|---|
| | | 总劳动 | 农业劳动 | 本地非农劳动 | 外出就业 | 总劳动 | 农业劳动 | 本地非农劳动 | 外出就业 |
| 地区 | | | | | | | | | |
| 东部 | 964 | 60.37 | 53.01 | 17.95 | 7.16 | 109.01 | 67.77 | 25.09 | 16.16 |
| 中部 | 896 | 56.92 | 52.12 | 12.61 | 5.00 | 85.16 | 55.98 | 22.54 | 8.77 |
| 西部 | 660 | 53.79 | 49.85 | 15.00 | 3.57 | 106.33 | 78.39 | 19.16 | 6.64 |

资料来源：根据调查数据计算整理所得。

### 三　不同特征农村老人的新农保养老金覆盖率差异明显

表 6-2 给出了试点地区不同特征农村老人获得新农保养老金的情况。总体而言，虽然试点地区大多数农村老人已获得新农保养老金（76.67%），但是离养老金全覆盖仍存在一定的距离。从性别来看，女性老人的新农保养老金覆盖率（80.45%）大于男性老人（73.24%）；从年龄来看，将农村老人按照年龄大小划分为"60—64 岁""65—69 岁""70—74 岁""75—79 岁"和"80 岁及以上"五个年龄段，随着年龄段的上升，新农保养老金覆盖率呈现逐步提高的变化趋势，从 74.14% 上升到 82.05%；从健康状况来看，将农村老人按健康状况依次划分为"优""良""中""差"和"丧失劳动能力"五个类别，随着健康状况的逐步恶化，新农保养老金覆盖率呈现逐步提高的变化趋势，从 69.07% 上升到 86.50%；从地区来看，中部地区养老金覆盖率最高（83.15%）、西部地区其次（74.70%）、东部地区最低（71.99%）。

表 6-2　　　　　　　　不同特征农村老人获得新农保养老金情况

| 分类 | 样本数 | 获得新农保养老金样本数 | 新农保养老金覆盖率（%） |
|---|---|---|---|
| 性别 | | | |
| 男 | 1323 | 969 | 73.24 |
| 女 | 1197 | 963 | 80.45 |
| 年龄（岁） | | | |
| 60—64 | 1052 | 780 | 74.14 |

| 分类 | 样本数 | 获得新农保养老金样本数 | 新农保养老金覆盖率（%） |
|---|---|---|---|
| 65—69 | 601 | 462 | 76.87 |
| 70—74 | 407 | 319 | 78.38 |
| 75—79 | 265 | 211 | 79.62 |
| 80及以上 | 195 | 160 | 82.05 |
| 健康状况 | | | |
| 优 | 527 | 364 | 69.07 |
| 良 | 841 | 614 | 73.01 |
| 中 | 586 | 472 | 80.55 |
| 差 | 329 | 277 | 84.19 |
| 丧失劳动能力 | 237 | 205 | 86.50 |
| 地区 | | | |
| 东部 | 964 | 694 | 71.99 |
| 中部 | 896 | 745 | 83.15 |
| 西部 | 660 | 493 | 74.70 |
| 合计 | 2520 | 1932 | 76.67 |

注：新农保养老金覆盖率＝获得新农保养老金样本数÷样本总数。

## 第三节　实证分析

### 一　变量选择和定义

从描述性分析的结果可以看出，性别、年龄、健康状况、新农保养老金收入、地区等都是造成农村老人劳动供给差异的重要因素。但是，描述性统计的结果不能区分因素间的相互影响。例如，从数据看，年龄较大的老人劳动供给更多，但同时年龄大的老人平均健康状况明显地差于年龄小的老人，因而劳动供给的差异到底是因为年龄的影响还是健康状况的影响？为回答这类问题，笔者对60岁及以上农村人口的劳动供给行为进行了多变量回归分析。被解释变量分别是总劳动时间、农业劳动时间、本地非农劳动时间和外出就业时间，为连续变量，并且存在大量零值，因此我们运用 Tobit 回归模型来分析影响农村老人劳动时间的因素。解释变量包括三部分：一是养老金收入变量；二是个人特征变量，如性别、年龄、年龄平方值、受教育年限、技术职称、健康状况；三是家庭特征变量，如外出就业子女数量、未外出就业子女数量、6 岁以下成员数量、在校学生数量、存款和现金总额、住房原值、耕地面积。此外，模型中还设置地区虚拟变量，主要是为了控制养老传统和经济发展水平等地区因素对农村老人劳动时间的影响。具体变量定义和描述性统计见表 6 - 3。

表 6 - 3　　　　　　　　变量定义及描述性统计

| 变量 | 变量定义 | 最小值 | 最大值 | 均值 | 标准差 |
|---|---|---|---|---|---|
| 被解释变量 | | | | | |
| time | 全年所有劳动时间总和（日） | 0 | 365 | 99.83 | 121.91 |
| agrtime | 全年从事农业劳动时间（日） | 0 | 365 | 66.36 | 96.28 |
| nagrtime | 全年本乡镇内从事非农业劳动时间（日） | 0 | 365 | 22.63 | 70.26 |
| outworktime | 全年外出就业时间（日） | 0 | 365 | 10.84 | 52.48 |
| 解释变量 | | | | | |
| 养老金收入 | 家庭全年新农保养老金收入（元） | 0 | 3960 | 886.25 | 622.79 |
| 个人特征变量 | | | | | |
| 性别 | 样本农户的性别：男 = 1；女 = 0 | 0 | 1 | 0.53 | 0.50 |
| 年龄 | 样本农户的年龄（岁） | 60 | 100 | 67.85 | 7.04 |
| 年龄平方 | 样本农户年龄的平方值 | 3600 | 10000 | 4652.69 | 1007.46 |
| 教育年限 | 样本农户受教育年限（年） | 0 | 13 | 4.30 | 2.93 |
| 技术职称 | 样本农户是否有专业技术职称：是 = 1；否 = 0 | 0 | 1 | 0.03 | 0.18 |
| 健康状况 | 样本农户自我认定的健康状况：优 = 1；良 = 2；中 = 3；差 = 4；丧失劳动能力 = 5 | 1 | 5 | 2.57 | 1.22 |
| 家庭特征变量 | | | | | |
| 外出就业子女数 | 家庭中外出就业子女数量（人） | 0 | 5 | 0.75 | 0.98 |
| 未外出就业子女数 | 家庭中未外出就业子女数量（人） | 0 | 12 | 1.89 | 1.80 |

续表

| 变量 | 变量定义 | 最小值 | 最大值 | 均值 | 标准差 |
|---|---|---|---|---|---|
| 6 岁以下成员数量 | 家庭中 6 岁以下成员的数量（人） | 0 | 4 | 0.21 | 0.45 |
| 在校学生数量 | 家庭中在校学生的数量（人） | 0 | 4 | 0.35 | 0.61 |
| 存款和现金数量 | 家庭上年末银行存款和现金总额（元） | -34816 | 755000 | 20751.83 | 39694.71 |
| 住房原值 | 家庭住房的原值（元） | 90 | 2800000 | 47145.71 | 121670.10 |
| 耕地面积 | 家庭经营耕地面积（亩） | 0 | 494 | 5.74 | 12.94 |
| 地区变量 | | | | | |
| 东部 | 东部 =1；其他 =0，基准项 | 0 | 1 | 0.38 | 0.49 |
| 中部 | 中部 =1；其他 =0 | 0 | 1 | 0.36 | 0.48 |
| 西部 | 西部 =1；其他 =0 | 0 | 1 | 0.26 | 0.44 |

注："外出就业子女数"和"未外出就业子女数"中的"子女"泛指家庭中除老人以外的所有劳动力，包括子女及其配偶以及孙子（女）、外孙（女）等。

## 二　农村老人总劳动供给影响因素的回归结果分析

根据前文模型选择，本书采用 Stata11.0 计量软件以农村老人的总劳动时间为被解释变量进行估计，估计结果如表 6 - 4 所示。模型的 Prob > chi$^2$ = 0.00，意味着模型运行结果从总体上而言统计检验显著。大多数控制变量的系数符号与预期结果相一致，说明模型总体运行良好且稳定，能较好地解释各因素对农村老人劳动供给的影响。

表 6 - 4 给出了农村老人总劳动时间影响因素的 Tobit 模型及其相应的条件边际效应估计结果。在模型结果中，新农保养老金收入在 1% 的水平上具有显著负向影响，说明家庭新农保养老金收入越高，老人的总劳动时间会越少。从边际效应来看，增加 1 元的新农保养老金收入，老人平均少从事劳动 0.0108 天。由此可见，提高新农保养老金收入会减少农村老人的劳动时间。

关于个人特征变量，性别、年龄、受教育程度、技术职称和健康状况对老人的各项劳动时间均具有显著影响。具体而言，性别在 1% 的水平上具有显著正向影响，说明在当前中国农村地区，男性老人的劳动时间要显著多于女性老人，从边际效应来看，男性老人比女性老人平均少从事劳动

20.8759 天。年龄和年龄平方分别在 1% 的水平上具有显著正向和负向影响，由此可见，年龄对老人总劳动时间的影响呈倒 "U" 形变化趋势。受教育程度在 1% 的水平上具有显著正向影响，说明农村老人的受教育程度越高，其劳动时间越长，从边际效应来看，增加一年的受教育年限，老人的劳动时间平均会增加 2.7572 天。技术职称在 1% 的水平上具有显著正向影响，说明有技术职称的老人的劳动时间要显著多于没有技术职称的老人，从边际效应来看，有技术职称的老人比没有技术职称的老人平均多劳动 27.1916 天。健康状况在 1% 的水平上具有显著负向影响，说明随着老人健康状况的逐步变差，老人的劳动时间会显著减少，从边际效应来看，健康状况下降一个级别，老人的劳动时间平均减少 13.6405 天。

表 6 - 4　　　农村老人总劳动时间影响因素的 **Tobit** 模型及其相应的
条件边际效应估计结果

| 解释变量 | Tobit （*time* = 日） | 条件边际效应 |
|---|---|---|
| 养老金数量 | - 0.0264 *** （0.0060） | - 0.0108 *** （0.0025） |
| 性别 | 51.0902 *** （7.7734） | 20.8759 *** （5.1000） |
| 年龄 | 49.6757 *** （12.6077） | 20.3699 *** （2.2501） |
| 年龄平方 | - 0.4249 *** （0.0910） | - 0.1742 *** （0.0367） |
| 教育年限 | 6.7240 *** （1.3978） | 2.7572 *** （0.5736） |
| 技术职称 | 59.8555 *** （18.7928） | 27.1916 *** （9.4183） |
| 健康状况 | - 33.2649 *** （3.4432） | - 13.6405 *** （1.3987） |
| 外出就业子女数 | 8.5571 ** （3.9181） | 3.5089 ** （1.6074） |
| 未外出就业子女数 | - 9.8598 *** （2.8047） | - 4.0431 *** （1.1488） |
| 6 岁以下成员数量 | - 22.3845 ** （9.4323） | - 9.1789 ** （3.8698） |
| 在校学生数量 | 21.4610 *** （6.8636） | 8.8002 *** （2.8136） |
| 存款和现金数量 | - 0.0001 （0.0001） | - 0.0000 （0.0000） |
| 住房原值 | - 0.0001 * （0.0000） | - 0.0000 * （0.0000） |
| 耕地面积 | 0.4968 * （0.2511） | 0.2037 * （0.1030） |
| 中部 | - 17.1269 ** （8.5692） | - 6.9604 ** （3.4541） |
| 西部 | 0.9969 （9.6127） | 0.4091 （3.9487） |
| 常数项 | - 1291.754 *** （433.6844） | — |

续表

| 解释变量 | Tobit（*time* = 日） | 条件边际效应 |
|---|---|---|
| Log likelihood | | −10066.14 |
| LR chi$^2$（17） | | 830.20 |
| Prob > chi$^2$ | | 0.0000 |
| Pseudo R$^2$ | | 0.0396 |

注：小括号中的数为稳健标准误，\*\*\*、\*\* 和 \* 分别表示在 1%、5% 和 10% 的水平上显著。

资料来源：根据农业部农村固定观察点数据整理所得。

关于家庭特征变量，外出就业子女数量和未外出就业子女数量分别在 1% 的水平上具有显著正向和负向影响，说明子女外出就业的行为会加重农村老人的劳动负担，从边际效应来看，增加 1 个外出就业子女，老人的劳动时间平均增加 3.5089 天，而增加 1 个未外出就业子女，老人的劳动时间平均减少 4.0431 天。学龄前儿童数量在 5% 的水平上具有显著负向影响，说明当前抚育幼儿会挤占农村老人的劳动时间，从边际效应来看，家庭中增加 1 个学龄前儿童，老人的劳动时间平均减少 9.1789 天。在校学生数在 1% 的水平上具有显著正向影响，说明家庭教育支出的压力会刺激农村老人从事更长时间的劳动，从边际效应来看，家庭中增加 1 个在校学生，老人的劳动时间平均增加 8.8002 天。家庭上年末现金资产总额在模型结果中不显著。家庭住房原值在 10% 水平上具有显著负向影响，说明家庭预期住房支出的经济压力是目前老人从事繁重劳动的一个重要原因。耕地面积在 10% 的水平上具有显著正向影响，说明耕地面积增多会显著增加老人的劳动时间，从边际效应来看，增加 1 亩耕地，会使老人平均劳动时间增加 0.2037 天。

关于地区差异，西部地区老人和东部地区老人之间无显著差异，但中部地区老人的劳动时间比东部地区老人要少 6.9604 天。

### 三　农村老人不同类型劳动供给影响因素的回归结果分析

上一小节探讨了老人总劳动供给行为影响因素的回归结果。接下来将老人的劳动分为农业劳动、本地非农劳动和外出就业劳动三种类型，分别对老人不同类型劳动供给影响因素的回归结果进行分析。根据前文模型选择，本书采用 Stata11.0 计量软件分别以农村老人的农业劳动时间、本地非农劳动时间和外出就业时间为被解释变量进行估计，结果如表6-5所示。所有模型的 Prob > chi2 = 0.00（表6-5），意味着模型运行结果从总体上而言统计检验显著。大多数控制变量的系数符号与预期的结果相一致，说明模型总体运行良好且稳定，能较好地解释各因素对农村老人各类劳动供给行为的影响。

1. 新农保养老金收入变量

表6-5给出了农村老人不同类型劳动时间影响因素的 Tobit 模型及其相应的条件边际效应估计结果。新农保养老金收入在三个模型中分别在1%、5%和10%的水平上具有显著负向影响，说明家庭新农保养老金收入越高，老人的农业劳动时间、本地非农劳动时间和外出就业时间会越少。从边际效应来看，增加1元的新农保养老金收入，老人平均少从事农业劳动0.0054天、本地非农劳动0.0053天、外出就业劳动0.0051天。由此可见，新农保养老金收入对农村老人农业劳动供给的影响最大，提高新农保养老金收入会更多地减少老人从事农业劳动的时间。

2. 个人特征变量

如表6-5所示，性别在三个模型中均在1%的水平上具有显著正向影响，说明男性老人在各类劳动时间上均显著高于女性老人，具体从边际效应来看，男性老人比女性老人农业劳动时间平均多12.8006天、本地非农劳动时间平均多14.0048天、外出就业劳动时间平均多18.6404天。

年龄和年龄平方在模型一与模型二中分别具有显著正向和负向影响，在模型三中均不显著，由此可见，年龄对老人农业劳动时间和本地非农劳动时间的影响呈倒"U"形变化趋势。

受教育程度在三个模型中分别在5%、1%和10%的水平上具有显著正向影响，说明受教育程度越高，老人的各项劳动时间均会显著增加，具体从边际效应来看，受教育程度对农村老人本地非农劳动时间的影响更大，增加1年的受教育年限，老人的农业劳动时间平均会增加1.0415天、本地非农劳动时间平均会增加1.5321天、外出就业劳动时间平均会增加1.1347天。

技术职称在模型一和模型三中分别在1%的水平上具有显著负向和正向的影响，在模型二中不显著，说明有技术职称的老人与没有技术职称的老人相比，其农业劳动时间要显著更少，但是其外出就业劳动时间要显著更多。从边际效应来看，有技术职称的老人比没有技术职称的老人平均少从事农业劳动 32.3613 天、平均多外出就业 67.7000 天。

健康状况在模型一和模型二中均在 1% 的水平上具有显著负向影响，在模型三中不显著，说明随着老人健康状况的逐步变差，老人的农业劳动时间和本地非农劳动时间会显著减少，从边际效应来看，健康状况对老人从事农业劳动时间的影响更大，健康状况下降一个级别，老人的农业劳动时间平均减少 9.7909 天、本地非农劳动时间平均减少 5.1923 天。

3. 家庭特征变量

外出就业子女数量在模型一和模型三中均在 1% 的水平上具有显著正向影响，在模型二中不显著。说明外出就业子女数量增多会显著增加老人的农业劳动时间和外出就业时间，因此，子女外出就业一方面会加重留守老人的农业劳动负担；另一方面也对农村老人的外出就业行为具有示范效应。具体从边际效应来看，外出就业子女数量对老人外出就业劳动时间的影响相对更大，家庭中增加 1 个外出就业子女数量，老人平均增加 1.6464 天农业劳动和 6.8029 天外出就业劳动。

未外出就业子女数量在模型一和模型三中分别在 1% 和 10% 的水平上具有显著负向影响，在模型二中不显著。从另一个角度再次验证了老人的劳动决策受到子女劳动决策的影响，子女在农业劳动和外出就业劳动方面对老人的劳动具有替代效应。具体从边际效应来看，未外出就业子女数量对老人农业劳动时间的影响相对更大，家庭中增加 1 个未外出就业子女数量，老人平均减少 3.7262 天农业劳动和 3.0698 天外出就业劳动。

学龄前儿童数量在模型二和模型三中分别在 1% 和 5% 的水平上具有显著负向影响，在模型一中不显著。说明当前抚育幼儿主要挤占农村老人的本地非农就业劳动时间和外出就业劳动时间，这是一种家庭劳动分工集体决策的结果，一旦家庭中有了幼儿，通常抚育幼儿的重担主要由家中的老人承担，而外出就业的工作则主要由家中的青壮年劳动力承担。从边际效应来看，抚育幼儿会更多挤占老人外出就业的劳动时间，家庭中增加 1 个学龄前儿童，老人平均减少 9.8166 天本地非农劳动和 12.5233 天外出就业劳动。

在校学生数在模型一中在 1% 的水平上具有显著正向影响，在模型二和模型三中不显著。说明家庭教育支出的压力会刺激农村老人从事更长时间的农业劳动，从边际效应来看，家庭中增加 1 个在校学生数量，老人的农业劳动时间平均增加 9.1795 天。

家庭现金资产总额和住房原值在模型一中均在 1% 的水平上具有显著负向影响，在模型二和模型三中不显著。说明家庭现金资产总额和预期住房支出的经济压力是目前老人从事繁重农业劳动的一个重要原因。

耕地面积在模型一中在 1% 的水平上具有显著正向影响，在模型二和模型三中均在 1% 的水平上具有显著负向影响。说明耕地面积增多会显著增加老人的农业劳动时间，减少本地非农劳动时间和外出就业劳动时间。从边际效应来看，增加 1 亩耕地，会使老人农业劳动时间平均增加 0.3897 天，本地非农劳动时间和外出就业劳动时间分别平均减少 3.8802 天和 1.2169 天。

4. 地区变量

关于地区差异，中部地区变量在模型三中在 1% 的水平上具有显著负向影响，在模型一和模型二中不显著，西部地区变量在三个模型中均不显著。说明与东部地区老人相比，中部地区老人在外出就业劳动时间上要显著更少，而在农业劳动时间和本地非农劳动时间上无显著差异，西部地区老人与东部地区老人相比在各类劳动时间上均无显著差异。从边际效应来看，中部地区老人比东部地区老人的外出就业劳动时间平均少 12.6340 天。

表 6 - 5　　农村老人各类劳动时间影响因素的 Tobit 模型及其相应的
条件边际效应估计结果

| 解释变量 | 模型一 (agrtime, 日) | | 模型二 (nagrtime, 日) | | 模型三 (outworktime, 日) | |
|---|---|---|---|---|---|---|
| | Tobit | 条件边际效应 | Tobit | 条件边际效应 | Tobit | 条件边际效应 |
| 养老金数量 | - 0.0150 *** (0.0054) | - 0.0054 *** (0.0019) | - 0.0310 ** (0.0135) | - 0.0053 ** (0.0023) | - 0.0452 * (0.0259) | - 0.0051 * (0.0029) |
| 性别 | 35.8850 *** (6.9260) | 12.8006 *** (2.4610) | 80.9929 *** (17.6423) | 14.0048 *** (3.0175) | 164.3121 *** (38.6032) | 18.6404 *** (4.2417) |
| 年龄 | 48.4576 *** (11.7100) | 17.3369 *** (4.1203) | 50.6461 * (28.4700) | 8.7830 * (4.8973) | 34.5841 (76.3129) | 3.9348 (8.6159) |
| 年龄平方 | - 0.4081 *** (0.0848) | - 0.1460 *** (0.0297) | - 0.4222 ** (0.2059) | - 0.0732 ** (0.0354) | - 0.3788 (0.5650) | - 0.0431 (0.0635) |
| 教育年限 | 2.9112 ** (1.2487) | 1.0415 ** (0.4468) | 8.8348 *** (3.0426) | 1.5321 *** (0.5260) | 9.9729 * (6.0348) | 1.1347 * (0.6849) |
| 技术职称 | - 112.4573 *** (18.8627) | - 32.3613 *** (4.3079) | - 22.5656 (38.9421) | - 3.8215 (6.4391) | 420.8268 *** (52.1236) | 67.7000 *** (10.977) |

续表

| 解释变量 | 模型一 (*agrtime*, 日) | | 模型二 (*nagrtime*, 日) | | 模型三 (*outworktime*, 日) | |
|---|---|---|---|---|---|---|
| | Tobit | 条件边际效应 | Tobit | 条件边际效应 | Tobit | 条件边际效应 |
| 健康状况 | −27.3660***<br>(3.0980) | −9.7909***<br>(1.0981) | −29.9409***<br>(7.7389) | −5.1923***<br>(1.3294) | −13.3400<br>(15.8397) | −1.5177<br>(1.7202) |
| 外出就业子女数 | 4.6017***<br>(3.5130) | 1.6464***<br>(1.2570) | 0.8872<br>(8.8047) | 0.1539<br>(1.5269) | 59.7923***<br>(15.8397) | 6.8029***<br>(1.7755) |
| 未外出就业子女数 | −10.4149***<br>(2.5244) | −3.7262***<br>(0.9025) | 8.6831<br>(6.2394) | 1.5058<br>(1.0805) | −26.9815*<br>(14.0437) | −3.0698*<br>(1.5883) |
| 6岁以下成员数量 | 3.6016<br>(8.3321) | 1.2886<br>(2.9809) | −56.6064***<br>(21.8031) | −9.8166***<br>(3.7716) | −110.0698**<br>(48.1696) | −12.5233**<br>(2.8884) |
| 在校学生数量 | 25.6571***<br>(6.1302) | 9.1795***<br>(2.1920) | 23.1945<br>(14.7191) | 4.0224<br>(2.5478) | −27.2561<br>(31.5358) | 1.1889<br>(3.5829) |
| 存款和现金数量 | −0.0003***<br>(0.0001) | −0.0001***<br>(0.0000) | 0.0001<br>(0.0002) | −0.0000<br>(0.0000) | 0.0001<br>(0.0003) | −0.0000<br>(0.0000) |
| 住房原值 | −0.0001***<br>(0.0000) | −0.0001***<br>(0.0000) | −0.0001<br>(0.0001) | −0.0000<br>(0.0000) | −0.0000<br>(0.0001) | −0.0000<br>(0.0000) |
| 耕地面积 | 1.0892***<br>(0.2192) | 0.3897***<br>(0.0786) | −22.3746***<br>(2.6483) | −3.8802***<br>(0.4205) | −10.6958***<br>(3.9845) | −1.2169***<br>(0.4455) |
| $D_2$ | −11.7862<br>(7.6742) | −4.1864<br>(2.7071) | −26.2141<br>(19.1479) | −4.5079<br>(3.2616) | −113.7376***<br>(38.2744) | −12.6340***<br>(4.1217) |
| $D_3$ | 10.4861<br>(8.5945) | 3.7925<br>(3.1437) | −1.2690<br>(21.1400) | −0.2199<br>(3.6611) | −24.8250<br>(40.3737) | −2.7987<br>(4.5092) |
| 常数项 | −1321.406***<br>(401.7457) | — | −1632.331*<br>(978.5618) | — | −1171.051<br>(2566.92) | — |
| Log likelihood | −9002.42 | −3249.34 | −1228.20 | | | |
| LR chi$^2$ (17) | 687.98 | 252.21 | 269.04 | | | |
| Prob > chi$^2$ | 0.0000 | 0.0000 | 0.0000 | | | |
| Pseudo R$^2$ | 0.0368 | 0.0374 | 0.0987 | | | |

注：小括号中的数为稳健标准误，***、**和*分别表示在1%、5%和10%的水平上显著。

资料来源：根据农业部农村固定观察点数据整理所得。

## 四 新农保养老金收入对不同类型老人劳动供给影响的回归结果分析

基于以上分析，不管是农业劳动还是非农劳动，新农保养老金均能有效减少农村老人的劳动供给。然而从现状来看，目前仍有半数以上的农村老人（57.42%）在从事农业或非农劳动，由此可见，当前新农保养老金的待遇有待提高。接下来重点讨论如何通过提高新农保养老金待遇来更为有效地促进农村老人减少劳动供给。

前文统计分析得出不同年龄、性别、健康状况和地区农村老人的新农保养老金收入具有一定的差异，而为了进一步考察新农保养老金收入对不同类型农村老人劳动供给的影响差异，本书又分别从性别、年龄、健康状况和地区这四个维度来探究新农保养老金收入对农村老人劳动供给的影响，结果见表 6 - 6。

1. 新农保养老金对不同性别农村老人劳动供给的影响

从表 6 - 6 可以看出，对于男性老人而言，新农保养老金收入会对其劳动供给行为产生显著影响，而进一步分别讨论不同类型劳动的影响差异可以发现，新农保养老金收入主要会对其农业劳动时间和本地非农劳动时间产生影响，对外出就业劳动时间的影响不显著。对于女性老人而言，新农保养老金收入同样会对其劳动供给行为产生显著影响，而进一步分别讨论不同类型劳动的影响差异可以发现，新农保养老金收入主要会对其农业劳动时间产生影响，对本地非农劳动时间和外出就业劳动时间的影响不显著。通过对比新农保养老金收入对不同性别老人劳动供给影响的边际效应差异可以发现，新农保养老金收入对男性老人劳动供给的影响大于女性老人。因此，相对于女性老人，提高新农保养老金收入会更多地减少男性老人的劳动供给，因而提高新农保养老金收入对改善男性老人的福利水平更为有利。

2. 新农保养老金对不同年龄农村老人劳动供给的影响

将样本按照老人年龄大小划分为"60—64 岁""65—69 岁"和"70岁及以上"这三个年龄段，从估计结果来看，整体而言，新农保养老金收入对三个年龄段老人的劳动供给行为均具有显著负向影响，说明对于每个年龄段的老人，随着新农保养老金收入的提高，老人的整体劳动时间会减少。从边际效应来看，随着年龄段的上升，新农保养老金收入对农村老人劳动供给的影响逐步减弱，增加 1 元的新农保养老金收入，三个年龄段老人的劳动时间分别减少 0.0167 天、0.0108 天和 0.0094 天，这说明新农保养老金收入对年龄越接近 60 岁的老人劳动供给的影响越大。进一步分别讨论不同类型劳动的影响差异，可以发现，对于"60—64 岁"年龄段老人，新农保养老金收入主要影响其农业劳动供给；而对于"65—69 岁"和"70 岁及以上"这两个年龄段的老人，新农保养老金收入主要影响其本地非农劳动供给和外出就业劳动供给（表6－6）。

3. 新农保养老金对不同健康状况农村老人劳动供给的影响

将调查样本按照老人自述的健康状况分为"优""良""中"和"差或丧失劳动能力"四组，从估计结果来看，整体而言，新农保养老金收入对健康状况为"良"和"中"的老人的劳动供给行为具有显著负向影响，而对健康状况为"优"和"差或丧失劳动能力"的老人的劳动供给行为影响不显著。这说明新农保养老金收入主要影响健康状况处于中等水平的农村老人的劳动供给行为。进一步分别讨论不同类型劳动的影响差异可以发现，新农保养老金收入只对健康状况为"良"和"中"的老人的农业劳动时间和本地非农劳动时间产生影响，而对这两组老人的外出就业劳动时间的影响不显著，并且对健康状况为"优"和"差或丧失劳动能力"的老人的各项劳动时间的影响均不显著（表6－6）。

4. 新农保养老金对不同地区农村老人劳动供给的影响

从估计结果来看，整体而言，新农保养老金收入对东、中和西部地区农村老人的劳动供给行为均具有显著负向影响，但从地区差异来看，新农保养老金收入对老人劳动供给行为影响的边际效应从东部至西部呈现递增的变化趋势，说明新农保养老金收入对老人劳动供给行为影响程度最大的是西部地区，其次是中部地区，东部地区最小。进一步分别讨论不同类型劳动的影响差异可以发现，新农保养老金收入只对各地区农村老人的农业劳动时间和本地非农劳动时间产生影响，而对外出就业劳动时间的影响均不显著，并且新农保养老金收入对老人农业劳动时间和本地非农劳动时间的影响程度从东部至西部均呈现递增的变化趋势（表6－6）。

表6－6　　　　新农保养老金收入对不同类型农村老人劳动供给
影响的条件边际效应估计结果

| 项目 | 类别 | 总劳动时间 | 农业劳动时间 | 本地非农劳动时间 | 外出就业时间 |
|---|---|---|---|---|---|
| 性别 | 男 | − 0.0145 *** (0.0038) | − 0.0065 ** (0.0029) | − 0.0064 ** (0.0031) | − 0.0046 (0.0035) |
| | 女 | − 0.0082 *** (0.0032) | − 0.0053 ** (0.0025) | − 0.0040 (0.0037) | − 0.0079 (0.0068) |

续表

| 项目 | 类别 | 总劳动时间 | 农业劳动时间 | 本地非农劳动时间 | 外出就业时间 |
|---|---|---|---|---|---|
| 年龄（岁） | 60—64 | −0.0167 *** (0.0046) | −0.0146 *** (0.0036) | −0.0026 (0.0037) | −0.0004 (0.0039) |
| | 65—69 | −0.0108 ** (0.0054) | −0.0015 (0.0042) | −0.0104 ** (0.0044) | −0.0110 * (0.0063) |
| | 70 及以上 | −0.0094 ** (0.0039) | −0.0026 (0.0030) | −0.0067 ** (0.0046) | −0.0126 * (0.0074) |
| 健康状况 | 优 | −0.0091 (0.0061) | −0.0026 (0.0046) | −0.0075 (0.0047) | −0.0008 (0.0053) |
| | 良 | −0.0124 *** (0.0045) | −0.0036 ** (0.0035) | −0.0020 ** (0.0044) | −0.0048 (0.0045) |
| | 中 | −0.0155 *** (0.0055) | −0.0084 * (0.0045) | −0.0096 ** (0.0038) | −0.0068 (0.0042) |
| | 差或丧失劳动能力 | −0.0060 (0.0054) | −0.0061 (0.0040) | −0.0041 (0.0064) | −0.0105 (0.0089) |
| 地区 | 东部 | −0.0070 * (0.0040) | −0.0003 * (0.0029) | −0.0033 * (0.0035) | −0.0074 (0.0048) |
| | 中部 | −0.0082 * (0.0044) | −0.0052 * (0.0033) | −0.0057 * (0.0048) | −0.0036 (0.0055) |
| | 西部 | −0.0219 *** (0.0046) | −0.0183 *** (0.0037) | −0.0075 ** (0.0034) | −0.0046 (0.0045) |

注：小括号中的数为稳健标准误，***、** 和 * 分别表示在 1%、5% 和 10% 的水平上显著。

资料来源：根据农业部农村固定观察点数据整理所得。

## 第四节　本章小结

在我国农村劳动力转移和人口老龄化的背景下，与城镇退休职工不同，大量农村老人仍然在从事着农业劳动或非农劳动。随着中国农村社会养老保障体系逐步完善，农村老人的经济条件将得到逐步改善。本章主要考察新农保养老金收入这一重要经济因素对农村老人劳动供给的影响，通过构建农村老人劳动供给模型，运用全国农村固定观察点抽样调查数据，初步得出了以下几点结论：

第一，当前有超过半数的农村老人仍然在从事农业或者非农劳动，农户会因其养老金收入、年龄、健康状况、性别、地区的差异而产生不同的劳动供给行为。随着养老金收入档次的提高，老人的劳动参与率和平均劳动时间呈现"先减后增"的变化趋势。

第二，家庭新农保养老金收入越高，老人的农业劳动时间、本地非农劳动时间和外出就业时间均会越少，说明新农保养老金收入能显著减少农村老人的劳动供给、提高农村老人的福利水平。

第三，相对于本地非农劳动和外出就业劳动，新农保养老金收入对农村老人农业劳动供给的影响更大，提高养老金收入会更多地减少农村老人农业劳动的时间。

第四，新农保养老金收入对不同类型农村老人劳动供给的影响存在一定的差异，对男性老人劳动供给的影响大于女性老人；对年龄越接近60岁农村老人的劳动供给行为的影响越大；新农保养老金收入主要影响中等健康水平农村老人的劳动供给行为，对健康状况较好和较差的农村老人的劳动供给没有显著影响；新农保养老金收入对不同地区老人劳动供给行为的影响从东部至西部呈现递增的变化趋势。因此，增加新农保养老金收入对提高男性老人、年龄接近60岁的老人、健康状况为中等水平的老人以及西部地区老人的福利水平更为有利。

# 第七章　基于微观视角的新农保制度可持续性分析

　　2009 年 9 月，国务院颁布了《指导意见》，要求在全国 10% 的县（市、区、镇）开展新农保的试点工作。截至 2011 年年末，全国已有 27 个省、自治区的 1914 个县（市、区、镇）和 4 个直辖市的部分区（县）开展了新农保试点工作①。新农保作为继取消农业税、实施农业直补等政策之后的又一项重大惠农政策，自试点以来受到了广大农民的欢迎，其覆盖率快速提高（李冬妍，2011）。

　　就新农保制度而言，农户是重要的参与主体，因此农户的参保和缴费情况直接决定了新农保制度能否可持续实施。从以往中国农村社会养老保险不够成功的原因来看，其中一个重要的方面就是农户的参与度不够。因此，本书在讨论新农保制度的可持续性时，重点从微观视角来研究农户新农保的参加和缴费行为，并试图找到影响其持续参保和缴费的关键因素。

　　目前国内学者关于新农保的可持续性进行了一些探索性的研究，但这些研究主要是基于政府财政负担可持续性的视角，而基于微观视角的农户参保行为如何影响新农保制度可持续发展的基本问题，在以往研究中较少得到分析和讨论。在关于农户参保情况的研究中，大部分国内学者通过对部分试点地区调研得出样本地区农民的新农保参加率处于 50%—70% 之间（李晓云、范冰洁，2010；赵志航等，2010；桑军，2011；赵悦，2011），这一结果表明，农民的新农保参加率还有待提高。此外，从参保金额来看，调查发现绝大多数农户偏向选择最低的缴费档次（鲁欢，2012；孙建东，2012；罗遐，2012）。然而，新农保在强调国家对农民"老有所养"承担责任的同时，依然鼓励农民对养老金进行自我积累，并且鼓励农户选择高缴费档次。如果广大农户长期选择低缴费档次，也会对新农保基金的保值增值和养老金的发放造成压力，同样会影响新农保制度的可持续性。

---

　　① 《2011 年度人力资源和社会保障事业发展统计公报》，2012 年 6 月 5 日，中华人民共和国中央人民政府网（http：//www.gov.cn）。

在这种情况下，在了解农户是否参加新农保及其影响因素的基础上，进一步探究农户新农保缴费行为的影响机理，对于探究新农保制度的可持续性更具现实意义。

因此，本章基于新农保的制度框架，主要探讨以下问题：从农民参保行为选择的视角来看，新农保能否长期保持较高的参保率，从而实现新农保制度的可持续发展？现阶段影响农户新农保参加和缴费的主要因素有哪些？如何通过优化新农保制度设计来促进农户的持续参保并选择合理的缴费档次？

## 第一节　农户新农保参加和缴费行为的模型设定

农户新农保参加行为实际上是两个行为决策过程的有机结合。第一个行为决策是农户决定是否参加新农保；第二个行为决策是农户决定参加新农保的缴费金额。如果数据中存在较多新农保支出为零的样本，而在实证分析中剔除这些样本，用普通最小二乘法（OLS）进行估计，将会导致样本选择性偏误；如果包含这些样本，忽略是否参加新农保以及新农保缴费金额这两种决策的差异，同样也会导致估计偏误。目前研究这类决策行为最常用的方法是 Heckman 两阶段模型（Heckman，1979）。若农户是否参加新农保的 Probit 模型的残差符合正态分布，则满足 Heckman 两阶段模型应用中误差项必须是正态分布的前提假设。具体而言，本书将农户的新农保参加行为分成如下两个阶段：

第一阶段，利用所有观测数据，对农户是否发生了新农保支出采用二值 Probit 模型来分析。农户是否发生新农保支出的决策可以用如下新农保参与方程来表示：

$$p_i^* = Z_i\gamma + u_i$$
$$\begin{cases} p_i = 1, \ 如果 \ Z_i\gamma + u_i > 0 \\ p_i = 0, \ 如果 \ Z_i\gamma + u_i \leq 0 \end{cases} \tag{7.1}$$

（7.1）式中，$p_i^*$ 为农户新农保支出行为发生的概率，它可以由一系列因素解释，如果农户发生了新农保支出行为，则 $p_i = 1$，否则 $p_i = 0$。$Z_i$ 为解释变量，$\gamma$ 为待估系数，$u_i$ 为随机扰动项。

考虑到在 OLS 估计中可能存在样本选择性偏误，所以，需要从（7.1）式中计算得到逆米尔斯比率（inverse Mills ratio）$\lambda$，作为第二阶段的修正参数。$\lambda$ 由下式获得：

$$\lambda = \frac{\varphi(Z_i\gamma/\sigma_0)}{\Phi(Z_i\gamma/\sigma_0)} \tag{7.2}$$

（7.2）中，$\varphi(Z_i\gamma/\sigma_0)$ 为标准正态分布的密度函数，$\Phi(Z_i\gamma/\sigma_0)$ 为相应的累积密度函数。

第二阶段，选择 $p_i=1$ 的样本，利用 OLS 方法对方程进行估计，并将 $\lambda$ 作为方程的一个额外变量以纠正样本选择性偏误，即：

$$Lny_i = X_i\beta + \lambda\alpha + \eta_i \tag{7.3}$$

（7.3）式中，$Lny_i$ 为第二阶段的被解释变量，即农户参加新农保缴费金额的对数值，$\alpha$、$\beta$ 为待估系数。如果系数 $\alpha$ 通过了显著性检验，则选择性偏误是存在的，表示 Heckman 两阶段估计方法对于纠正样本选择性偏误有明显的效果，因此，采用 Heckman 备择模型是合适的。这样，通过（7.2）式计算得出的 $\lambda$ 值将农户的两个原本有联系的决策阶段用模型很好地反映出来了。

此外，Heckman 两阶段模型要求 $X_i$ 是 $Z_i$ 的一个严格子集（伍德里奇，2007）。这包含两层含义：一方面，（7.3）式中作为解释变量出现的任何一个元素，也应该是（7.1）式中的一个解释变量，即任何一个 $X_i$ 都是 $Z_i$ 的一个元素；另一方面，$Z_i$ 中至少有一个元素不在 $X_i$ 中，即应该至少存在一个影响农户是否发生新农保支出行为但对 $Lny_i$ 没有偏效应的变量。

## 第二节　变量选择及数据说明

### 一　变量选择

基于以上理论分析和实证分析模型的要求，农户的新农保参加和缴费行为主要受到家庭经济条件和家庭成员结构等因素的影响，本书选取以下三类变量：

1. 家庭经济特征变量

除了上文提到的家庭总收入和住房原值这两个变量外，本书又加入了户主外出务工收入这一变量。其主要原因是，目前农户在做决策时，户主的意见往往起着举足轻重的作用。由于户主进城务工，并且工作类型不同，可能影响其养老观念，进而影响农户新农保参加和缴费行为。

2. 家庭成员结构特征变量

包括家庭常住人口数量、老人数量、学龄前儿童数量和在校学生数量。以上变量分别体现了家庭日常生活消费、养老、育幼、教育等方面的经济负担。同时，家庭中老人数量也可以反映新农保"捆绑条款"对农户新农保参加和缴费行为的影响。

3. 家庭基本特征变量

包括耕地面积、户主文化程度、家庭成员健康状况以及所在地区。就现阶段大多数农户来说，保障功能仍是耕地的一种重要功能，因此，耕地与养老保险之间可能存在替代效应。家庭成员健康状况既在一定程度上体现了家庭成员对养老保险的预期，即家庭成员健康状况越差的农户越可能依赖新农保等社会保障来解决家庭成员的养老问题，又反映了家庭当前以及预期的医疗支出负担，即家庭成员健康状况越差的农户越可能由于医疗支出的负担而减少新农保支出。不同地区经济、文化以及政策环境等方面的差异，使得农户新农保参加和缴费决策的外部环境产生差异。因此，笔者认为，耕地面积、户主文化程度、家庭成员健康状况以及地区这四种因素将对农户参加新农保及其缴费行为产生影响。

需要说明的是，耕地面积和户主文化程度两个变量并非本书讨论的重点，因此，根据 Heckman 两阶段模型对两个阶段变量设置的要求，本书在 Heckman 两阶段模型的第二阶段将去掉耕地面积和户主文化程度两个变量，即只讨论这两个变量对农户发生新农保支出行为的概率的影响，而不讨论它们对缴费金额的影响。具体的变量定义及预期影响方向如表 7-1 所示。

表7-1　　　　　　　　　　变量定义及预期影响方向

| 变量 | 变量定义 | 预期影响方向 | |
|---|---|---|---|
| | | 模型1 | 模型2 |
| 被解释变量 | | | |
| 是否有新农保支出 | 有支出＝1；其他＝0 | — | — |
| 新农保缴费金额 | 家庭新农保支出金额（元） | — | — |
| 解释变量 | | | |
| 家庭经济特征变量 | | | |
| 家庭总收入 | 家庭全年总收入（元） | － | ＋ |
| 户主外出务工收入 | 户主全年外出务工总收入（元） | ＋ | ＋ |

| 变量 | 变量定义 | 预期影响方向 | |
| --- | --- | --- | --- |
| | | 模型 1 | 模型 2 |
| 住房原值 | 家庭住房的价值（元） | − | + |
| 家庭成员结构特征变量 | | | |
| 常住人口数量 | 家庭常住人口的数量（人） | − | − |
| 老人数量 | 家庭中 65 岁以上成员的数量（人） | + | − |
| 学龄前儿童数量 | 家庭中 6 岁以下成员的数量（人） | − | − |
| 在校学生数量 | 家庭中在校学生的数量（人） | − | − |
| 家庭基本特征变量 | | | |
| 耕地面积 | 家庭经营耕地面积（亩） | + | —— |
| 户主文化程度 | 户主受教育年限（年） | + | —— |
| 家庭成员健康状况 | 家庭所有成员自我认定健康状况（优 = 1，良 = 2，中 = 3，差 = 4，丧失劳动能力 = 5）的平均值 | + | − |
| 地区 | $D_1$（东部 = 1；其他 = 0），为基准项 | —— | —— |
| | $D_2$（中部 = 1；其他 = 0） | ？ | ？ |
| | $D_3$（西部 = 1；其他 = 0） | ？ | ？ |

注："+"和"−"分别表示该解释变量的预期影响方向是正或负，"？"表示该解释变量的影响方向无法预计。

## 二　数据说明

本章所使用的数据是农业部农村经济研究中心农村固定观察点全国范围的农户抽样调查数据，调查范围覆盖了全国 30 个省（自治区、直辖市，除西藏）、350 个村、20098 户。样本村庄的选择采取分类抽样的方法，即根据各省（自治区、直辖市）村庄的类型，区分山区、丘陵区和平原区，城市郊区和非城市郊区，富裕地区和贫困地区，农区、林区、牧区、渔区，然后在各类型村庄内抽取一定数量构成样本，各省（自治区、直辖市）所选村庄数量大体为 10 个左右，反映了本省（自治区、直辖市）农村经济的总体水平和农村社会经济的基本面貌。样本农户的选择所采用的抽样方法有多种，或按收入水平的高低、承包耕地面积的多少抽样，或按户口簿编号的顺序、居住区位的顺序抽样，在有足够调查力量的情况下，有的还采取普遍调查的方法。因此，笔者认为该调查数据基本上代表了全国农村的情况。

鉴于本书需要，在去掉非新农保试点地区以及存在部分缺失值和异常值的样本后共剩下 4748 个样本。其中，家庭有新农保支出行为的农户有2418 户，占样本总数的 50.93%；东部、中部和西部地区样本分别有 1803户、1346 户和 1599 户，分别占样本总数的 37.97%、28.35% 和 33.68%。分析所用变量的描述性统计如表 7-2 所示。

表 7-2　　　　　　　　　　　变量的描述性统计

| 变量 | 最小值 | 最大值 | 均值 | 标准差 |
|---|---|---|---|---|
| 被解释变量 | | | | |
| 新农保支出行为 | 0 | 1 | 0.51 | 0.50 |
| 新农保缴费金额（元） | 0 | 4330 | 222.58 | 415.29 |
| 解释变量 | | | | |
| 家庭经济特征变量 | | | | |
| 家庭总收入（元） | 1480 | 1700000 | 44513.25 | 59618.92 |
| 户主外出务工收入（元） | 0 | 210770 | 2606.05 | 7392.90 |
| 住房原值（元） | 100 | 1600000 | 43605.12 | 71270.63 |
| 家庭成员结构特征变量 | | | | |
| 常住人口数量（人） | 1 | 30 | 3.86 | 1.63 |
| 老人数量（人） | 0 | 6 | 0.38 | 0.67 |
| 学龄前儿童数量（人） | 0 | 7 | 0.26 | 0.52 |
| 在校学生数量（人） | 0 | 7 | 0.60 | 0.80 |
| 家庭基本特征变量 | | | | |
| 耕地面积（亩） | 0 | 505 | 8.99 | 20.16 |
| 户主文化程度（年） | 0 | 21 | 6.95 | 2.74 |
| 家庭成员健康状况 | 1 | 5 | 1.60 | 0.65 |
| 地区（$D_1$） | 0 | 1 | 0.38 | 0.49 |
| 地区（$D_2$） | 0 | 1 | 0.28 | 0.45 |
| 地区（$D_3$） | 0 | 1 | 0.34 | 0.47 |

注："家庭成员健康状况"为家庭每个成员先根据自我认定的健康状况进行 1—5 分的评分，然后以家庭为单位计算出每个家庭的平均健康状况。

## 第三节 农户新农保参加和缴费行为的实证分析结果

### 一 估计结果

根据前文的模型选择，本章采用 Stata11.0 计量软件进行估计。从估计结果可以看出，逆米尔斯比率在 5% 的水平上显著。这说明，农户的新农保参加行为存在样本选择性偏误问题，也表明本书使用 Heckman 两阶段模型是合适的。详细估计结果如表 7-3 所示。

表 7-3                 Heckman 两阶段模型估计结果

| 解释变量 | 是否有新农保支出（Probit 模型） | | 对新农保缴费金额的影响（OLS） | |
| --- | --- | --- | --- | --- |
| | 系数 | z 值 | 系数 | z 值 |
| 家庭总收入 | -7.84E-07 ** | -2.12 | 2.00E-06 *** | 5.29 |
| 户主外出务工收入 | 7.60E-06 *** | 3.03 | 3.40E-06 | 1.32 |
| 住房原值 | -3.39E-07 | -1.22 | 9.10E-07 *** | 3.50 |
| 常住人口数量 | 0.0514 *** | 3.57 | 0.0763 *** | 5.06 |
| 老人数量 | -0.2019 *** | -6.50 | -0.1910 *** | -4.42 |
| 学龄前儿童数量 | 0.0813 | 1.12 | 0.0058 | 0.16 |
| 在校学生数量 | -0.0500 * | -1.92 | -0.0600 *** | -2.58 |
| 耕地面积 | 0.0058 *** | 4.74 | — | — |
| 户主文化程度 | 0.0177 ** | 2.45 | | |
| 家庭成员健康状况 | 0.0031 | 0.09 | -0.0459 | -1.60 |
| 中部地区 | 0.4784 *** | 9.62 | -0.1391 * | -1.90 |
| 西部地区 | 0.1792 *** | 3.94 | -0.0897 * | -1.81 |
| 常数项 | -0.4882 *** | -4.82 | 5.1314 | 20.66 |
| 逆米尔斯比率（λ） | — | — | 0.5610 ** | 2.34 |
| 样本数 | 4748 | | | |
| 删失样本数 | 2330 | | | |
| 未删失样本数 | 2418 | | | |
| Wald 检验 | 195.19 | | | |
| Prob > $\chi^2$ | 0.0000 | | | |

注：***、**、* 分别表示在 1%、5% 和 10% 的水平上显著。

## 二　结果分析

根据表 7 - 3 中的模型估计结果，以下将重点探讨收入和家庭成员结构两方面因素对农户新农保参加行为的影响。

1. 收入因素

（1）家庭总收入。从估计结果来看，家庭总收入这一变量在两个模型中分别在 5% 和 1% 的水平上显著，但是，其影响方向不同。家庭总收入对农户发生新农保支出行为的概率具有负向影响，而对缴费金额具有正向影响。这说明，家庭总收入越高的农户，其发生新农保支出行为的可能性越小，但家庭总收入较高的农户，其新农保缴费金额要高于家庭总收入相对较低的农户。这说明在当前新农保参加门槛不高但待遇水平较低的情况下，新农保对低收入人群的吸引力更大，但前文分析得出当前较多农户参保的主要目的并非是为了自己将来年老后有所保障，而是为了让家中老人获得养老金，并且由于他们缴费能力相对较弱，因而偏向于选择较低的缴费档次。由此可见，相对于高收入人群，当前"捆绑条款"对低收入人群参保概率的影响更大。

（2）户主外出务工收入。户主外出务工收入对农户发生新农保支出行为的概率在 1% 的显著性水平上具有正向影响，而对农户的缴费金额没有显著影响。这说明，户主外出务工收入越高的农户，参加新农保的积极性越高，但是，其缴费金额不一定越多。按照现行的政策，外出务工的劳动力如果已参加工作所在地职工养老保险，就不属于新农保的保障对象。在这种情况下，他们新农保参加行为具有不确定性。一方面，各种养老保险关系转移接续的困难，会降低这部分人参加新农保的意愿；另一方面，外出务工的人多为年轻人，如果他们在农村生活的父母想得到基础养老金，他们由于"捆绑条款"就不得不参加新农保并缴费，也就是说，这时他们参加新农保并缴费的意愿就会提高。因此，这一结论也在一定程度上反映了新农保的"捆绑条款"对外出务工农户发生新农保支出的概率具有积极影响。而新农保缴费金额的支出是农户在综合考虑家庭经济收入状况和家庭经济负担状况以及参加新农保收益等因素后作出的一个理性决策，因而户主外出务工收入对农户新农保缴费金额没有显著影响。

（3）住房原值。住房原值与户主外出务工收入这一变量的影响正好相反，它对农户发生新农保支出行为的概率没有显著影响，但在 1% 的显著性水平上对缴费金额具有正向影响。住房对于目前的农村家庭来说是一种重要的固定资产，修建住房需要较大的经济投入，近年来我国农民的住房投资金额也在逐步增大①。因此，住房原值不仅能在一定程度上体现一个家庭的财富水平，同时也在一定程度上反映了这个家庭的预期住房支出压力，家庭住房原值越大的农户，其预期住房支出压力越小，越有经济条件来做其他改变生活质量的事情，比如参加新农保。而如果有修建住房的压力，农户就有可能压缩其他非紧急性消费。

2. 家庭成员结构因素

（1）常住人口数量。常住人口数量这一变量对农户发生新农保支出行为的概率和缴费金额均在1%的显著性水平上具有正向影响。在中国城乡统筹的背景下，劳动力转移导致农村常住人口中以老人、妇女和小孩居多，农村常住人口多的家庭往往老人和妇女较多。而老人和妇女属于弱势群体，相对而言更需要通过参加新农保来获得一定的养老保障。因此，常住人口数量多的家庭，其参加新农保的概率和缴费金额均较大。

（2）老人数量。老人数量对农户发生新农保支出行为的概率和缴费金额均在1%的显著性水平上具有负向影响，并且这一结果似乎与新农保"捆绑条款"的政策目的相违背。通过对数据的进一步分析可以推断，样本农户中老人数量较多的家庭，其符合参加新农保条件的成员相对较多，且家庭总收入要更低②。在此情况下，根据"捆绑条款"的相关规定，如果想让家中老人直接领取基础养老金，则老人多的家庭比没有老人的家庭需要更多的新农保支出。因此，在基础养老金水平较低的情况下（国家规定为每月55元，各地可根据经济条件适当增加），从家庭当前参加新农保的成本收益考虑，老人数量越多的家庭，其参加新农保的缴费意愿越低。由此可见，"捆绑条款"对经济条件不好而养老负担较大家庭的新农保缴费金额存在负效应。

---

① 《中国农村统计年鉴》：2008—2010年，我国农村住宅投资金额分别为4365.2亿元、5915.5亿元、6462.5亿元，分别占当年农村固定资产投资总额的18.1%、19.3%、17.6%。

② 在4748个样本农户家庭中，有3442个家庭没有65岁以上老人，此类家庭的总收入平均值为45878元，常住人口平均值为3.76人，学龄前儿童数量和在校学生数量总和的平均值为0.43人，两个平均值之差为3.33。有850个家庭有一个65岁以上老人，此类家庭的总收入平均值为43383元，常住人口平均值为4.03人，学龄前儿童数量和在校学生数量总和的平均值为0.46人，两个平均值之差为3.57。有456个家庭有两个及以上65岁以上老人，此类家庭的总收入平均值为36320元，常住人口平均值为4.16人，学龄前儿童数量和在校学生数量总和的平均值为0.37人，两个平均值之差为3.79。

（3）学龄前儿童数量和在校学生数量。在以往研究中，家庭子女数量主要被当作一个整体来考察"养儿防老"的传统观念对农户新农保参加行为的影响（例如王媛，2011；吴玉锋，2011；赵珂巍、韩建民，2012）。本书将家庭子女分为学龄前儿童和在校学生两部分，分别考察家庭育幼支出压力和教育支出压力对农户新农保参加行为的影响。实证分析结果表示，学龄前儿童数量和在校学生数量对农户新农保参加行为的影响存在一定的差异。具体而言，学龄前儿童数量在两个模型中均不显著，而在校学生数量对农户发生新农保支出行为的概率和缴费金额分别在10%和1%的显著性水平上具有负向影响。一方面，"养儿防老"的传统观念对农户的新农保参加行为可能仍然存在影响；另一方面，教育支出压力可能导致农户降低对新农保这种非紧急性消费的支出行为，而育幼支出压力则对农户发生新农保支出行为的概率和缴费金额均没有显著影响。

此外，耕地面积和户主文化程度这两个变量分别对农户发生新农保支出行为的概率在1%和5%的显著性水平上有正向影响；家庭成员健康状况在两个模型中均不显著；相对于东部地区农户而言，中部和西部地区农户参加新农保的概率显著更高，而缴费金额显著更低，分别比东部地区农户低了14%和9%。

## 第四节　本章小结

本章将农户是否参加新农保和缴费金额纳入同一分析框架，通过构建Heckman两阶段模型对农户新农保参加概率以及缴费金额的影响因素进行了实证分析，并据此探讨了中国新农保制度的可持续性问题，初步得出以下几点结论：

第一，从农户的参保概率来看，家庭经济条件、耕地面积和户主文化程度是影响农户新农保参加概率的重要因素，说明当前新农保制度对高收入人群、家庭耕地面积较小和户主文化程度较低的农户的吸引力相对较弱。因此，对于新农保制度"广覆盖"和"可持续"的实施目标而言，新农保制度在后续的实施过程中应该重点关注高收入人群和农业经营小户，并加大对户主文化程度较低农户的宣传力度，提高新农保制度对相关群体的吸引力。

第二，从参保人的缴费金额来看，家庭经济条件、养老负担和教育支出压力是制约农户新农保缴费支出的重要因素。因此，对于新农保制度"可持续"的实施目标而言，可以预见，随着农村居民收入水平的提高以及教育、医疗等其他社会保障制度的逐步完善，农户的新农保缴费能力以及所选缴费档次将会逐步提高。

第三，从地区差异来看，相对于东部地区农户，中、西部地区农户参加新农保的概率更高，但缴费金额要更少。因此，从新农保制度"广覆盖"和"可持续"的实施目标来看，首先应该提高新农保的养老金待遇水平以增加新农保制度对东部地区农户的吸引力，其次应该加大对中、西部地区农户的补贴力度以提高中、西部地区农户的缴费能力。

第四，当前"捆绑条款"的实施对农户新农保参加概率具有积极影响，但相对于高收入人群而言，其对低收入人群参保概率的影响更大，并由此可能导致"逆向选择"的问题。

# 第八章 结论及政策建议

本章对全书进行总结，结合当前农村经济社会发展现状，对完善中国新农保制度提出政策建议，最后指出进一步研究的方向。

## 第一节 结论

本章利用江苏宿迁抽样调查数据和全国农村固定观察点的抽样调查数据，在建立新农保政策效应和农户新农保参保缴费行为分析框架的基础上，运用基尼系数和社会福利指数动态模拟了新农保制度对农户收入差距及福利水平的影响。采用 Tobit 模型探讨了新农保养老金收入对农村老人劳动供给行为的影响，借助 Heckman 两阶段模型实证分析了农户持续参保和缴费行为的影响因素。得出了如下结论：

1. 新农保具有正向的收入再分配效应和社会福利效应，但效应从长期来看呈现减弱的趋势

通过对当前新农保的收入再分配效应和社会福利效应及其变化趋势进行测算后发现：当前新农保的实施具有正的收入再分配效应，能缩小农户的收入差距和提高农村社会福利水平；新农保缴费会扩大农村地区的收入差距，而养老金收入会缩小农村地区的收入差距；从东、中、西部地区间比较来看，当前新农保对缩小中部地区农户的收入差距和提高当地农村社会福利水平最为有利，东部次之、西部最弱；当前新农保政策中"捆绑条款"的实施不仅在总体上显著减少了农户新农保养老金收入，而且使养老金在农户间的分配更为不平等。

此外，在现有政策框架下，新农保的实施能持续缩小农村地区的收入差距、增加农村社会福利水平，在短期内，新农保调节农村收入差距和提高农村社会福利水平的作用会增大，而若新农保的待遇水平长期保持不变，新农保在全国以及东、中、西部各地区调节农村收入差距和提高农村

社会福利水平的作用均会减小，且中部地区减小的幅度较东、西部地区更大。

2. 新农保养老金收入会显著影响农村老人的劳动供给行为，提高农村老人的福利水平

当前有超过半数的农村老人仍然在从事着繁重的农业或非农劳动。在对农村老人劳动供给现状进行统计分析后发现，农户会因为其养老金收入、年龄、健康状况、性别、地区的差异而产生不同的劳动供给行为。

通过对农村老人劳动供给行为的影响因素进行实证分析后发现，新农保养老金收入会显著影响农村老人的劳动供给行为。家庭新农保养老金收入越高，老人的农业劳动时间、本地非农劳动时间和外出就业时间会越少，说明新农保养老金收入能显著减少农村老人的劳动供给行为、提高农村老人的福利水平。

关于新农保养老金收入对农村老人不同类型劳动供给行为影响的差异，相对于本地非农劳动和外出就业劳动，新农保养老金收入对农村老人农业劳动的劳动供给行为的影响更大，提高新农保养老金收入会更多地减少农村老人农业劳动的时间。

新农保养老金收入对不同类型农村老人劳动供给的影响存在一定的差异，对男性老人劳动供给的影响大于女性老人；对年龄越接近 60 岁农村老人的劳动供给行为的影响越大；新农保养老金收入主要影响中等健康水平农村老人的劳动供给行为，对健康状况较好和较差的农村老人的劳动供给没有显著影响；新农保养老金收入对不同地区老人劳动供给行为的影响从东部至西部呈现递增的变化趋势。因此，增加新农保养老金收入对提高男性老人、年龄接近 60 岁的老人、健康状况为中等水平的老人以及西部地区老人的福利水平更为有利。

3. 农户家庭经济条件和家庭成员结构是当前影响农户新农保持续参加和缴费的重要因素

当前我国农村地区的家庭养老保障功能和土地养老保障功能正在逐步弱化，农村社会养老保险在农村养老保障中所扮演的角色将会变得尤为突出。在对农户新农保参加和缴费行为进行统计分析后发现，不同区域、经济条件和家庭成员结构的农户新农保参加率和缴费金额存在差异。

从农户的参保概率来看，家庭经济条件、耕地面积和户主文化程度是影响农户新农保参加概率的重要因素，说明当前新农保制度对高收入人

群、家庭耕地面积较小和户主文化程度较低的农户的吸引力相对较弱。因此，对于新农保制度"广覆盖"的实施目标而言，新农保制度在后续的实施过程中应该重点关注高收入人群和农业经营小户，并加大对户主文化程度较低农户的宣传力度，提高新农保制度对相关群体的吸引力。

从参保人的缴费金额来看，家庭经济条件、养老负担和教育支出压力是制约农户新农保缴费支出的重要因素。因此，对于新农保制度"可持续"的实施目标而言，可以预见，随着农村居民收入水平的提高以及教育、医疗等其他社会保障制度的逐步完善，农户的新农保缴费能力以及所选缴费档次将会逐步提高。

从地区差异来看，相对于东部地区农户，中、西部地区农户参加新农保的概率更高，但缴费金额要更少。

4. "捆绑条款"对提高新农保的参保率具有积极影响，但可能导致"逆向选择"的问题

本书研究发现，虽然当前较多农户对"捆绑条款"主观不太认同，但当前"捆绑条款"的实施对农户新农保参加概率具有积极影响，并且相对于高收入人群，"捆绑条款"对低收入人群参保概率的影响更大。尽管当前新农保的参加门槛不高，但对于一些特殊低收入人群而言，可能由于难以支付新农保缴费导致其未来的养老保障存在隐患，或者对于家庭经济较为困难的农村老人，因为其子女难以支付新农保缴费导致其无法享受养老金待遇，以上将可能导致"逆向选择"的问题。

## 第二节　政策含义

从制度功能来看，新农保对农民养老确实发挥了一定的保障作用，在一定程度上降低了他们的养老风险，提高了他们的福利水平，建立起由传统的"养儿防老"向"社会养老"转变的保障机制，为城乡社保均等化发挥了制度的过渡性作用。本书的核心建议是：在新农保实施的前期，除因制度包含政府补贴而具有吸引力外，"捆绑条款"对于参保率的迅速提高也发挥了重要作用，而在当前新农保制度已基本实现"广覆盖"目标的形势下，政府应该更加重视新农保制度的可持续性，通过进一步优化和完善新农保制度来使其更具吸引力。结合本书的研究结论和其他文献成果，基于公平的视角下，具体提出以下几点政策建议：

1. 修订新农保政策中的基础养老金标准，去除"捆绑条款"的相关规定

对于已年满 60 岁的农村老人采取免费发放基础养老金的形式给予他们一定的生活补贴，有效缓解了农村老年贫困现象。然而，目前新农保政策中关于基础养老金的规定采取"一刀切"的办法，即规定全国统一基础养老金标准为每人每月 55 元，这一规定可能引发公平性的问题。一方面，相对于城镇职工养老金而言，这一基础养老金标准相对较低，结合我国农村居民收入情况计算得出 2012 年新农保基础养老金替代率为 8.3%，而这一数据与城镇职工 50% 左右养老金替代率差距较大。[①] 另一方面，这一全国统一的规定并未考虑不同地区经济条件的差异，本书研究得出新农保养老金收入对农村老人福利影响具有年龄差异和地区差异，因而这种"一刀切"的方式对经济水平较高地区的农村老人明显不利。因此，建议一方面在保持合理的养老金替代率基础上要适当提高基础养老金的数额。另一方面要根据农村老人的年龄和地区经济发展水平等差异设定梯度基础养老金标准，如：可以对越接近 60 岁的老人设置越高的基础养老金，对东部、中部、西部地区分别设置高、中、低三个档次的基础养老金。

"捆绑条款"在新农保政策实施的初期对迅速扩大政策覆盖面、提高农户的参保率具有积极意义，但是本书研究得出，当前"捆绑条款"不仅可能导致"逆向选择"，而且还对新农保制度收入再分配效应和社会福利效应的发挥具有抑制作用，并且随着新农保覆盖面的逐步扩大和农户参保率的提高，"捆绑条款"对提高农户参保率的政策意义也在逐步缩小。在这种情况下，建议尽快取消"捆绑条款"的相关规定，使新农保政策更具公平性。

2. 进一步细化和优化新农保的补贴政策，合理划分中央政府与地方政府之间的财政责任

要保障新农保工作的顺利开展，关键是制定合理的财政补贴政策。根据本书的研究结论，中央政府完全有能力承担新农保"补出口"的财政负担，而地方财政既要负责"补入口"又要"补出口"，尽管地方补贴的数额不高，但由于各级地方财政状况差别较大，因此新农保地方财政补贴数额占地方财政的比重也存在较大差异。当前中央政府对中、西部地区财政

---

① 根据《中国统计年鉴 2013》，我国农村居民 2012 年的人均纯收入为 7916.58 元；根据世界社保研究中心发布的《中国养老金发展报告 2012》，2011 年城镇基本养老保险替代率为 50.3%。

补贴的倾斜政策，造成了新农保对东部地区地方财政的负担大于中、西部地区，并且导致新农保对东部地区部分省份地方财政的负担较大、对中、西部地区部分省份地方财政的负担反而较小的现状。① 因此，国家应该对当前新农保的补贴政策进行细化和优化，一方面，可以适当提高中央财政的补贴比例来减轻部分地区地方财政的负担；另一方面，由于各省的财政状况差异较大，中央政府要打破现有的对东部地区和中、西部地区实行差异化的财政补贴政策，而应该根据不同省份的财政状况合理划分财政责任，避免出现新农保对不同省份之间地方财政负担差异过大的现象。

此外，新农保政策规定地方政府对选择较高档次标准缴费的参保人应适当增加补贴金额，这一规定较为粗略，可能导致各个地方政府在具体实施过程中的做法出现较大差异，进而导致新农保在各地的政策效应不同。因此，建议在进行补贴政策设计时，既要制定补贴的最低下限，也要制定补贴的最高上限，同时要合理设计不同缴费档次之间补贴增加的幅度，使得新农保政策既能鼓励农户积极参保缴费，又能有效避免产生逆向选择的现象，并且合理改善收入分配状况。

3. 建立基础养老金和个人缴费档次的动态调整机制，明确新农保缴费和养老金发放标准的调整依据

无论是2009年的《指导意见》，还是2014年的《国务院关于建立统一的城乡居民基本养老保险制度的意见》，关于新农保缴费标准和待遇水平的调整机制论述的较为简单，此种调整机制动态调整性不强，随意性较大，标准确定的依据不够明确。② 因此，各级政府应尽快建立新农保缴费标准和待遇水平的调整机制，可以借鉴城镇企业职工基本养老保险内含部分调整机制的相对标准确定方法，根据经济社会发展和物价变动等情况适时调整缴费标准和待遇水平，使新农保能持续而稳定的发挥调节收入差距

---

① 根据前文测算结果，地方财政对新农保的年补贴金额占地方财政收入的比重全国平均为0.61%，中部地区有7个省的地方财政对新农保的年补贴金额占地方财政收入的比重高于全国平均水平，中、西部地区有12个省的地方财政对新农保的年补贴金额占地方财政收入的比重低于全国平均水平。

② 关于缴费标准，2014年《国务院关于建立统一的城乡居民基本养老保险制度的意见》中规定："人力资源社会保障部会同财政部依据城乡居民收入增长等情况适时调整缴费档次标准。"关于养老金待遇水平，新政策中规定："中央确定基础养老金最低标准，建立基础养老金最低标准正常调整机制，根据经济发展和物价变动等情况，适时调整全国基础养老金最低标准。地方人民政府可以根据实际情况适当提高基础养老金标准；对长期缴费的，可适当加发基础养老金。"

和提高农村社会福利水平的功能。

关于缴费标准，建议借鉴城镇职工基本养老保险缴费方式采取相对缴费率的方式缴费。城镇职工的缴费基数是上年职工月平均工资，新农保可以按照上一年度农村居民人均纯收入的一定比例确定为缴费基数，并提供一个缴费率的范围供不同的经济水平的参保人选择。关于养老金待遇水平，调整机制也可以借鉴城镇职工基本养老保险的办法，缴费每满 1 年，就按照当地农村居民年人均纯收入一定的比例发放基础养老金（具体比例根据当时收入水平、生活消费水平等实际情况确定）。这一方面可以使个人缴费和待遇水平随着收入水平的变化而变化，比当前的方法更符合筹资标准和待遇标准要与经济发展和农民承受能力相适应的原则；另一方面，可以使城乡社会养老保险更有利于统一规范和统一管理，进一步促进城乡社会养老保险制度的衔接。

4. 有效促进新农保与其他保障制度的融合，明确特殊困难群体的扶持政策

作为一项以公平为重要发展目标的社会保障制度，新农保自然要体现针对特殊困难群体的制度设计。具体来看，主要任务是要妥善做好新农保制度与被征地农民社会保障、水库移民后期扶持政策、农村计划生育家庭奖励扶助政策、农村五保供养、社会优抚、农村最低生活保障制度等其他相关保障制度的配套和衔接工作。一方面是坚持不降低原有待遇的基础上，进行"做加法"，即将这些特殊困难群体原有的待遇与新农保的待遇相加，享受更高的待遇；另一方面，针对这些特殊困难群体，应在新农保参保缴费和待遇方面进行倾斜性的制度设计。

此外，新农保和城居保并轨建立城乡一体化的社会保障体系不能一蹴而就，可以选择两种制度落差较小的地区作为试点，逐渐改革新农保制度，为实现 2020 年城乡社保均等化的目标奠定基础。

## 第三节　研究展望

本书关于新农保政策收入再分配和社会福利效应的动态模拟，是在假设今后新农保的政策规定、参保人员缴费行为、宏观经济状况等情况较为稳定的情况下测算出来的。而如果以上假设条件有所改变，则测算结果也会产生相应的变化。在后续研究中，笔者准备进行如下分析：对未来的实

际利率、农户选择的缴费档次及基础养老金额度等，运用不同的数值进行测算，并综合考虑通货膨胀等因素，以此考察当宏观经济参数以及新农保个人缴费、政府补贴和养老金发放等标准发生变化时，新农保的收入再分配效应随之产生的变化。

关于农户新农保的参加和缴费行为是一个多因素综合作用而产生的结果，本书重点讨论了家庭经济条件和家庭人口结构这两类因素在其中的作用，而关于其他方面因素的影响有待进一步研究，例如，制度设计因素、政策宣传因素等。

此外，关于新农保制度可持续性的探讨的另一个重要方面就是政府的财政负担情况。因此，新农保政策实施对各级政府带来的财政负担将会如何变化有待进一步研究。

# 参考文献

[1] Aaron H. The social insurance paradox [J]. *The Canadian Journal of Economics and Political Science*, 1966, 32 (3): 371 –374.

[2] Asimakopulos A, Weldon J C. On the Theory of Government Pension Plans [J]. *Canadian Journal of Economics*, 1968, 1 (4): 699 –717.

[3] Boadway R, Leite - Monteiro M, Marchand M, et al. Social Insurance and Redistribution with Moral Hazard and Adverse Selection [J]. *The Scandinavian Journal of Economics*, 2006, 108 (2): 279 –298.

[4] Bodie Z. Pensions as Retirement Income Insurance [J]. *Journal of Economic Literature*, 1990, 28 (1): 28 –49.

[5] Boskin, Michael J. , Laurence J. Kotlikoff , Douglas J. Puffert and John B. 1987. Shoven. Social Security: A Financial Appraisal Across and within Generations [J]. *The National Tax Journal*, 1987, 40 (3): 19 –34.

[6] Burch T K, Matthews B J. Household Formation in Developed Societies [J]. *Population and Development Review*, 1987, 13 (3): 495 –511.

[7] Casamatta G, Cremer H, Pestieau P. Political sustainability and the design of social insurance [J]. *Journal of public economics*, 2000, 75 (3): 341 –364.

[8] Cohen L, Steuerle C E, Carasso A. Social Security redistribution by education, race, and income: How much and why [M]. *Urban Institute*, 2001.

[9] Cubeddu L M. The Intragenerational Redistributive Effects of Unfunded Pension Programs [R]. *International Monetary Fund*, 1998.

[10] Diamond P A. A framework for social security analysis [J]. *Journal of Public Economics*, 1977, 8 (3): 275 –298.

[11] Disney R. , Johnson P. Pension systems and retirement incomes across OECD countries [M]. *Edward Elgar Publishing*, 2001.

［12］ Dowding, Keith M. , and Desmond S. King, eds. Preferences, institutions, and rational choice ［M］. Clarendon Press, 1995.

［13］ Favreault M, Ratcliffe C, Toder E. Labor force participation of older workers: Prospective changes and potential policy responses ［J］. *National Tax Journal*, 1999: 483 – 503.

［14］ Feldstein M. Social security, induced retirement, and aggregate capital accumulation ［J］. *The journal of political economy*, 1974, 82 （5）: 905 – 926.

［15］ Feldstein M. , Social Security and Saving: New Time Series Evidence ［J］. *National Tax Journal*, 1996 （7）: 151 – 164.

［16］ Filer R K, Honig M. Endogenous Pensions and Retirement Behavior ［J］. *Social Science Electronic Publishing*, 2005 （9） .

［17］ Heckman J J. Sample selection bias as a specification error ［J］. *Econometrica*, 1979, 47 （1）: 153 – 161.

［18］ Hurd M D, Shoven J B. The Distributional Impact of Social Security ［M］. Pensions, Labor, and Individual Choice. University of Chicago Press, 1985: 193 – 222.

［19］ Knodel J, Chayovan N. Family support and living arrangements of Thai elderly ［J］. *Asia – Pacific population journal/United Nations*, 1997, 12 （4）: 51.

［20］ Kobrin F E. The fall in household size and the rise of the primary individual in the United States ［J］. *Demography*, 1976, 13 （1）: 127 – 138.

［21］ Kopits G, Gotur P. The Influence of Social Security on Household Savings: A Cross – Country Investigation ［J］. *IMF Staff Papers*, 1980, 27 （1）: 161 – 190.

［22］ Kotlikoff L J. Testing the theory of social security and life cycle accumulation ［J］. *The American Economic Review*, 1979: 396 – 410.

［23］ Kraus M. Social security strategies and redistributive effects in European social transfer systems ［J］. *Review of Income and Wealth*, 2004, 50 （3）: 431 – 457.

［24］ Kuznets S. Economic growth and income equality ［J］. *American Economic Review*, 1955, 45 （1）: 1 – 28.

[25] Lam T, Chi I, Piterman L, et al. , Community attitudes toward living arrangements between the elderly and their adult children in Hong Kong [J]. *Journal of cross – cultural gerontology*, 1998, 13 (3): 215 –228.

[26] Leimer D R. Historical redistribution under the Social Security Disability Insurance Program [J]. *Social security bulletin*, 1998, 61 (3): 3.

[27] Liebman J B. Redistribution in the Current US Social Security System [R]. *National Bureau of Economic Research*, 2001.

[28] Merton R C. On the role of social security as a means for efficient risk sharing in an economy where human capital is not tradable [M] //Financial aspects of the United States pension system. *University of Chicago Press*, 1983: 325 –358.

[29] Mirrlees J A. An exploration in the theory of optimum income taxation [J]. *The review of economic studies*, 1971, 38 (2): 175 –208.

[30] Nordhaus W D, Tobin J. Is growth obsolete? [M] //Economic Research: Retrospect and Prospect Vol 5: *Economic Growth. Nber*, 1972: 1 –80.

[31] Ozawa M N. Income redistribution and social security [J]. *The Social Service Review*, 1976: 209 –223.

[32] Pampel F C. Age, class, politics, and the welfare state [M]. Cambridge University Press, 1992.

[33] Pang L, De Brauw A, Rozelle S. Working until you drop: The elderly of rural China [J]. *The China Journal*, 2004: 73 –94.

[34] Popkin S L. The rational peasant: The political economy of rural society in Vietnam [M]. Univ of California Press, 1979.

[35] Ranchhod V. The effect of the South African old age pension on labour supply of the elderly [J]. *South African Journal of Economics*, 2006, 74 (4): 725 –744.

[36] Rochet J C. Incentives, redistribution and social insurance [J]. *The Geneva Papers on risk and insurance theory*, 1991, 16 (2): 143 –165.

[37] Samuelson P A. From GNP to NEW [J]. *Newsweek*, Apirl, 1973, 9.

[38] Samuelson P A. Optimum social security in a life – cycle growth model [J]. *International Economic Review*, 1975, 16 (3): 539 –544.

[39] Samwick A A. New evidence on pensions, social security, and the timing of retirement [J]. *Journal of public economics*, 1998, 70 (2): 207 – 236.

[40] Schultz T W. Transforming traditional agriculture [J]. *Transforming traditional agriculture*, 1964.

[41] Sen A. Informational bases of alternative welfare approaches: aggregation and income distribution [J]. *Journal of Public Economics*, 1974, 3 (4): 387 – 403.

[42] Sin Y. Pension liabilities and reform options for old age insurance [J]. *World Bank working paper*, 2005.

[43] Sinn H W. A Theory of the Welfare State [J]. *Scandinavian Journal of Economics*, 1995, 97 (4): 495 – 526.

[44] Sinn H W. Social insurance, incentives and risk taking [J]. *International Tax and Public Finance*, 1996, 3 (3): 259 – 280.

[45] Smith K, Toder E, Iams H. Lifetime distributional effects of Social Security retirement benefits [J]. *Social Security Bulletin*, 2003, 65: 33.

[46] Social security and retirement around the world [M]. University of Chicago Press, 2008.

[47] Tabellini G. A positive theory of social security [J]. *The Scandinavian Journal of Economics*, 2000, 102 (3): 523 – 545.

[48] Townley P G C. Public choice and the social insurance paradox: A note [J]. *Canadian Journal of Economics*, 1981: 712 – 717.

[49] Wolff N. Income Redistribution and the Social Security Program [M]. UMI Research Press, 1987.

[50] Yamada T. The effects of Japanese social security retirement benefits on personal saving and elderly labor force behavior [J]. *Japan and the World Economy*, 1990, 2 (4): 327 – 363.

[51] Yao S. On the decomposition of Gini coefficients by population class and income source: a spreadsheet approach and application [J]. *Applied Economics*, 1999, 31 (10): 1249 – 1264.

[52] [俄] A. 恰亚诺夫:《农民经济组织》, 萧正洪译, 中央编译出版社 1996 年版。

［53］［美］J. M. 伍德里奇：《计量经济学导论》（第 3 版），费剑平译，中国人民大学出版社 2007 年版。

［54］［美］黄宗智：《长江三角洲小农家庭与乡村发展》，中华书局 1992 年版。

［55］［美］黄宗智：《华北的小农经济与社会变迁》，中华书局 1986 年版。

［56］［美］黄宗智：《中国农村的过密化与现代化：规范认识危机与出路》，上海社会科学出版社 1992 年版。

［57］［美］西奥多·W. 舒尔茨：《改造传统农业》，梁小民译，商务印书馆 2006 年版。

［58］［挪威］博尔奇：《保险经济学》，王国军等译，商务印书馆 1999 年版。

［59］［英］庇古：《福利经济学》，金镝译，华夏出版社 2007 年版。

［60］公维才：《中国农民养老保障论》，社会科学文献出版社 2007 年版。

［61］韩喜平：《中国农户经营系统分析》，中国经济出版社 2003 年版。

［62］侯慧丽：《城镇基本养老保险制度的再分配效应》，社会科学文献出版社 2011 年版。

［63］华迎放等：《新型农村社会养老保险制度建设研究》，中国劳动社会保障出版社 2013 年版。

［64］刘昌平：《养老金制度变迁的经济学分析》，中国社会科学出版社 2008 年版。

［65］温铁军等：《八次危机：中国的真实经验 1949—2009》，东方出版社 2013 年版。

［66］香伶：《养老社会保险与收入再分配》，社会科学文献出版社 2008 年版。

［67］杨俊：《社会保险经济学》，复旦大学出版社 2012 年版。

［68］姚洋：《土地制度和中国农村的社会保障》，《经济活页文选》（理论版），中国财政经济出版社 1999 年版。

［69］袁志刚：《养老保险经济学》，上海人民出版社 2005 年版。

［70］苑梅：《我国农村社会养老保险制度研究》，东北财经大学出版

社 2011 年版。

［71］曾湘泉：《劳动经济学》，复旦大学出版社 2008 年版。

［72］白南生、李靖、陈晨：《子女外出务工、转移收入与农村老人农业劳动供给——基于安徽省劳动力输出集中地三个村的研究》，《中国农村经济》2007 年第 10 期。

［73］蔡昉：《中国二元经济与劳动力配置的跨世纪调整——制度、结构与政治经济学的考察》，《浙江社会科学》2000 年第 5 期。

［74］蔡昉等：《中国农村老年人口及其养老保障：挑战与前景》，《世界银行》2012 年。

［75］曹信邦、刘晴晴：《农村社会养老保险的政府财政支持能力分析》，《中国人口·资源与环境》2011 年第 10 期。

［76］常宗虎：《重构中国社会保障体制的有益探索——全国社会福利理论与政策研讨会综述》，《中国社会科学》2001 年第 3 期。

［77］陈传波、丁士军：《基尼系数的测算与分解——Excel 算法与 Stata 程序》，《上海统计》2001 年第 7 期。

［78］戴卫东：《中国农村社会养老保险制度研究述评》，《中国农村观察》2007 年第 1 期。

［79］邓大松、刘国磊：《新型农村社会养老保险参保行为影响因素分析》，《统计与决策》2013 年第 7 期。

［80］邓大松、薛惠元：《新型农村社会养老保险替代率精算模型及其实证分析》，《经济管理》2010 年第 5 期。

［81］董琪、吕康银：《新型农村社会养老保险的福利经济学分析》，《劳动保障世界》（理论版）2011 年第 2 期。

［82］封进：《公平与效率的交替和协调——中国养老保险制度的再分配效应》，《世界经济文汇》2004 年第 1 期。

［83］封进：《中国养老保险体系改革的福利经济学分析》，《经济研究》2004 年第 2 期。

［84］封铁英、董璇：《劳动力缺失背景下新型农村养老保险需求及其影响因素研究》，《西北人口》2010 年第 6 期。

［85］何立新、封进、［日］佐藤宏：《养老保险改革对家庭储蓄率的影响：中国的经验证据》，《经济研究》2008 年第 10 期。

［86］何立新、［日］佐藤宏：《不同视角下的中国城镇社会保障制度

与收入再分配——基于年度收入和终生收入的经验分析》，《世界经济文汇》2008 年第 5 期。

［87］何立新：《中国城镇养老保险制度改革的收入分配效应》，《经济研究》2007 年第 3 期。

［88］胡宏伟、蔡霞、石静：《农村社会养老保险有效需求研究——基于农民参保意愿和缴费承受能力的综合考察》，《经济经纬》2009 年第 6 期。

［89］黄丽：《中山市农村基本养老保险制度的收入再分配效应研究》，《中国人口科学》2009 年第 4 期。

［90］John Giles、牧人：《农村传统养老机制与成年子女外出劳动就业》，《中国劳动经济学》2005 年第 4 期。

［91］李成波、陈功：《制度保障、心理因素对农村老年人农业劳动参与的影响》，《武汉科技大学学报》（社会科学版）2012 年第 6 期。

［92］李冬妍：《"新农保"制度：现状评析与政策建议》，《南京大学学报》（哲学·人文科学·社会科学版）2011 年第 1 期。

［93］李放、陈婷：《江苏全面实行农村社会养老保险的经济可行性分析》，《南京社会科学》2008 年第 3 期。

［94］李澜、李阳：《我国农业劳动力老龄化问题研究——基于全国第二次农业普查数据的分析》，《农业经济问题》2009 年第 6 期。

［95］李旻、赵连阁：《农村劳动力流动对农业劳动力老龄化形成的影响——基于辽宁省的实证分析》，《中国农村经济》2010 年第 9 期。

［96］李旻、赵连阁：《农业劳动力"老龄化"现象及其对农业生产的影响——基于辽宁省的实证分析》，《农业经济问题》2009 年第 10 期。

［97］李琴、宋月萍：《劳动力流动对农村老年人农业劳动时间的影响以及地区差异》，《中国农村经济》2009 年第 5 期。

［98］李琴、孙良媛：《家庭成员外出务工对农村老年人劳动供给的影响——基于"替代效应"和"收入效应"》，《学术研究》2011 年第 4 期。

［99］李琴、郑晶：《中国农村老年人农业劳动时间的地区差异和性别差异分析》，《华中农业大学学报》（社会科学版）2010 年第 6 期。

［100］李晓云、范冰洁：《山东淄博新型农村养老保险现状实证分析》，《财经问题研究》2010 年第 7 期。

［101］李艳荣：《浙江省新型农保制度中的政府财政补贴及其效应研

究》,《农业经济问题》2009 年第 8 期。

[102] 李珍、王海东:《基本养老保险替代率下降机理与政策意义》,《人口与经济》2010 年第 6 期。

[103] 廖少宏、宋春玲:《我国农村老人的劳动供给行为——来自山东农村的证据》,《人口与经济》2013 年第 2 期。

[104] 林义:《破解新农保制度运行五大难》,《中国社会保障》2009 年第 9 期。

[105] 林毅夫:《小农与经济理性》,《农村经济与社会》1988 年第 3 期。

[106] 刘德浩:《养老保险制度收入再分配效应的效率分析》,《统计与决策》2008 年第 15 期。

[107] 刘军民:《试论推进我国新型农村社会养老保险制度可持续发展的基本要领和战略重点》,《社会保障研究》2010 年第 3 期。

[108] 刘生龙:《健康对农村居民劳动力参与的影响》,《中国农村经济》2008 年第 8 期。

[109] 刘晓梅:《我国新型农村社会养老保险制度及试点分析》,《农业经济问题》2011 年第 4 期。

[110] 刘子兰:《中国农村养老社会保险制度反思与重构》,《管理世界》2003 年第 8 期。

[111] 鲁欢:《新农保最低缴费档次"受宠"原因及对策分析——基于对辽宁省阜新市彰武县 400 户农户调查的研究》,《社会保障研究》2012 年第 2 期。

[112] 罗遐:《政府行为对农民参保选择影响的实证分析——基于新农保试点的调查》,《山东大学学报》(哲学社会科学版) 2012 年第 2 期。

[113] 米红:《我国新型农村社会养老保险制度推进的若干问题与对策建议》,《中共浙江省委党校学报》2009 年第 5 期。

[114] 穆怀中、闫琳琳:《新型农村养老保险参保决策影响因素研究》,《人口研究》2012 年第 1 期。

[115] 穆怀中:《养老保险体制改革试点中的关键经济因素分析》,《中国人口科学》2004 年第 4 期。

[116] 庞丽华、Scott Rozelle、Alan de Brauw:《中国农村老人的劳动供给研究》,《经济学》(季刊) 2003 年第 2 期。

［117］彭浩然、申曙光：《改革前后我国养老保险制度的收入再分配效应比较研究》，《统计研究》2007 年第 2 期。

［118］亓昕：《农民养老方式与可行能力研究》，《人口研究》2010 年第 1 期。

［119］任雅姗、戴绍文：《我国新型农村社会养老保险制度再分配效应研究》，《海南金融》2013 年第 7 期。

［120］桑军：《新型农村社会养老保险试点的调查研究——以安徽省蒙城县为例》，《安徽农业科学》2011 年第 19 期。

［121］沈苏燕、李放、谢勇：《中青年农民养老意愿及影响因素分析——基于南京五县区的调查数据》，《农业经济问题》2009 年第 11 期。

［122］盛学军、刘广明：《"新农保"个人缴费"捆绑制"的实践考察与理论研判》，《河北法学》2012 年第 3 期。

［123］石玉梅、张敏：《新农保制度下地方政府财政补贴政策效应研究——以新疆新农保试点县为例》，《农业经济问题》2011 年第 10 期。

［124］史清华：《农户家庭经济资源利用效率及其配置方向比较——以山西和浙江两省 10 村连续跟踪观察农户为例》，《中国农村经济》2000 年第 8 期。

［125］宋斌文、张琳：《东部发达地区农村养老保险的实践与探索——来自浙江省宁波市的案例分析》，《农业经济问题》2006 年第 11 期。

［126］孙鑫：《对当前我国农民概念内涵与农民群体划分的探讨——兼与张义同志商榷》，《农业经济问题》1995 年第 5 期。

［127］谭娜、周先波：《中国农村老年人"无休止劳动"存在吗？——基于年龄和健康对劳动供给时间影响的研究》，《经济评论》2013 年第 2 期。

［128］唐钧：《社会保障会缩小贫富差距吗?》，《中国社会保障》2010 年第 5 期。

［129］唐利平、风笑天：《第一代农村独生子女父母养老意愿实证分析——兼论农村养老保险的效用》，《人口学刊》2010 年第 1 期。

［130］田北海、雷华、钟涨宝：《生活境遇与养老意愿——农村老年人家庭养老偏好影响因素的实证分析》，《中国农村观察》2012 年第 2 期。

［131］田凯：《当前中国农村社会养老保险的制度分析》，《社会科学

辑刊》2000 年第 6 期。

［132］王翠琴、薛惠元：《新型农村社会养老保险收入再分配效应研究》，《中国人口·资源与环境》2012 年第 8 期。

［133］王金安：《人口老龄化与我国农村社会养老保险制度缺陷分析》，《数量经济技术经济研究》2003 年第 7 期。

［134］王晓军、康博威：《我国社会养老保险制度的收入再分配效应分析》，《统计研究》2009 年第 11 期。

［135］王媛：《"新农保"参保影响因素分析——基于农户调查的 Logit 回归模型》，《农村经济》2011 年第 7 期。

［136］吴海盛：《农村老年人农业劳动参与的影响因素——基于江苏的实证研究》，《农业经济问题》2008 年第 5 期。

［137］吴罗发：《中部地区农民社会养老保险参与意愿分析——以江西省为例》，《农业经济问题》2008 年第 4 期。

［138］吴玉锋：《新型农村社会养老保险参保行为主观影响因素实证研究》，《保险研究》2011 年第 10 期。

［139］吴玉锋：《新型农村社会养老保险参与实证研究：一个信任分析视角》，《人口研究》2011 年第 4 期。

［140］吴玉锋：《新型农村社会养老保险参与行为实证分析——以村域社会资本为视角》，《中国农村经济》2011 年第 10 期。

［141］肖金萍：《公平视阈下农村社会养老保险制度构想》，《社会科学战线》2010 年第 8 期。

［142］徐宽：《基尼系数的研究文献在过去八十年是如何拓展的》，《经济学》（季刊）2003 年第 3 期。

［143］徐璐璐：《新型农村社会养老保险制度中"捆绑制度"的合理性研究——以江苏省苏南、苏中、苏北为研究对象》，《社科纵横》（新理论版）2012 年第 3 期。

［144］徐梅：《论中国社会养老保险对城市居民收入变动的影响》，《经济经纬》2008 年第 4 期。

［145］薛惠元：《新型农村社会养老保险财政保障能力可持续性评估——基于政策仿真学的视角》，《中国软科学》2012 年第 5 期。

［146］杨恩艳、裴劲松、马光荣：《中国农村老年人居住安排影响因素的实证分析》，《农业经济问题》2012 年第 1 期。

［147］杨翠迎、郭光芝、冯广刚：《新型农村社会养老保险的财政责任及其可持续性研究——基于养老金支出视角的分析》，《社会保障研究》2013 年第 1 期。

［148］杨俊：《社会统筹养老保险制度收入再分配效应的分析》，《社会保障研究》2011 年第 1 期。

［149］杨缅昆：《社会福利指数构造的理论和方法初探》，《统计研究》2009 年第 7 期。

［150］杨震林、王亚柯：《中国企业养老保险制度再分配效应的实证分析》，《中国软科学》2007 年第 4 期。

［151］姚洋：《中国农地制度：一个分析框架》，《中国社会科学》2000 年第 2 期。

［152］余谦、高萍：《中国农村社会福利指数的构造及实测分析》，《中国农村经济》2011 年第 7 期。

［153］袁志刚：《中国养老保险体系选择的经济学分析》，《经济研究》2001 年第 5 期。

［154］乐章：《现行制度安排下农民的社会养老保险参与意向》，《中国人口科学》2004 年第 5 期。

［155］张朝华：《农户参加新农保的意愿及其影响因素——基于广东珠海斗门、茂名茂南的调查》，《农业技术经济》2010 年第 6 期。

［156］张红梅、马强：《新型农村社会养老保险制度试点推行的影响因素研究——基于湖北省新农保的调查》，《华中农业大学学报》（社会科学版）2012 年第 3 期。

［157］张红梅、杨明媚、马强：《现阶段阻碍农村社会养老保险制度发展的影响因素——基于农户参保意愿的实证分析》，《华南农业大学学报》（社会科学版）2009 年第 3 期。

［158］张世伟、李学：《养老保险制度改革的财政效应和收入分配效应——基于微观模拟的研究途径》，《人口与经济》2008 年第 5 期。

［159］张勇：《中国养老保险制度的再分配效应研究》，《财经论丛》2010 年第 4 期。

［160］赵建国、海龙：《"逆向选择"困局与"新农保"财政补贴激励机制设计》，《农业经济问题》2013 年第 9 期。

［161］赵珂巍、韩建民：《农村养老参保意愿及影响因素分析——以

甘肃省榆中县为例》,《西北农林科技大学学报》(社会科学版) 2012 年第3 期。

[162] 赵悦:《吉林省新型农村养老保险问题研究》,《当代生态农业》2011 年第 Z1 期。

[163] 赵志航、王文静、田宝:《河北省农村居民参加社会养老保险意愿调查》,《衡水学院学报》2010 年第 5 期。

[164] 郑杭生、汪雁:《农户经济理论再议》,《学海》2005 年第3 期。

[165] 周春芳:《发达地区农村老年人农业劳动供给影响因素研究》,《人口与经济》2012 年第 5 期。

[166] 周慧文:《基于精算模型的农村养老保险研究》,《农业经济问题》2005 年第 6 期。

[167] 周莹:《新型农村社会养老保险中基本养老金仿真学精算模型》,《上海经济研究》2009 年第 7 期。

[168] 朱玲:《新农保"捆绑"参保应向法律强制过渡》,《中国乡村发现》2010 年第 3 期。

[169] 朱玲:《中国社会保障体系的公平性与可持续性研究》,《中国人口科学》2010 年第 5 期。

[170] 陈文娟:《中年农村居民养老观念与养老保险有效需求研究》,博士学位论文,武汉大学,2009 年。

[171] 代雷锋:《农民的制度信任对参加新农保意愿的影响研究》,硕士学位论文,华中科技大学,2010 年。

[172] 冯兰:《新型农村社会养老保险的供需研究》,博士学位论文,华中农业大学,2013 年。

[173] 胡瑛:《农村家庭劳动力转移对老年人的影响》,硕士学位论文,南京农业大学,2010 年。

[174] 刘迪平:《中国新型农村社会养老保险长效供给研究》,博士学位论文,苏州大学,2010 年。

[175] 鲁婷婷:《新型农村养老保险模式对农民参保率的影响研究》,硕士学位论文,南京农业大学,2011 年。

[176] 宁泽逵:《中国农村老人劳动供给研究》,博士学位论文,西北农林科技大学,2012 年。

［177］宋君：《"新农保"参保缴费水平的影响因素分析》，硕士学位论文，华中科技大学，2011年。

［178］孙建东：《"新农保"中农民缴费行为研究》，硕士学位论文，广西师范大学，2012年。

［179］孙玲玲：《我国新型农村社会养老保险制度可持续发展问题研究》，硕士学位论文，山东财经大学，2013年。

［180］万婕：《我国新型农村社会养老保险制度优化研究》，博士学位论文，中国海洋大学，2013年。

［181］魏珊珊：《农民参与新型农村社会养老保险的意愿研究》，硕士学位论文，华中农业大学，2011年。

［182］吴朝红：《我国城镇养老保险体系的收入再分配效应研究》，博士学位论文，厦门大学，2007年。

［183］吴苏：《农民参加新型农村养老保险影响因素研究》，硕士学位论文，南京农业大学，2009年。

［184］杨子江：《中国养老保险制度改革的收入分配效应研究》，硕士学位论文，厦门大学，2008年。

［185］余桔云：《新中国农村社会养老保险制度变迁与绩效评估》，博士学位论文，江西财经大学，2011年。

# 后 记

本书是在笔者博士学位论文的基础上修改而成的。

感谢南京农业大学对我的培养。在南京农业大学求学期间，能够跟随恩师陈超教授攻读博士学位，是我的荣幸。感谢陈老师在我本科毕业时同意接收我保送他门下攻读硕士学位，把我这个学术"门外汉"领进科学研究的大门，并支持和鼓励我硕博连读。陈老师做人、做事、做学问的态度值得我终身学习。

在南京农业大学学习和生活期间，我还要感谢同门师兄师姐、师弟师妹以及各位同窗好友的帮助与照顾。感谢展进涛师兄和李寅秋师兄，两位师兄不仅在学术上对我耐心指导，更是在生活中对我关爱有加，是你们让我不断进步。虽然已回鄂工作和生活数年，但在南京求学和生活的经历，至今历历在目。

最后，非常庆幸能够来到中南财经政法大学开始一段新的工作和生活旅程。感谢中南财经政法大学对本书的出版资助，为我在南京农业大学九年的求学生涯画上了圆满句号，也让我在攻读博士学位期间的成果有了更强的生命力。

本书在完成过程中受国家自然科学基金青年科学基金项目"子女迁移对农村老年人多维贫困的影响研究——基于能力剥夺的视角"（项目编号：71704190）和中国博士后科学基金面上资助项目"基于微观视角的农村社会养老保险的经济效应研究"（项目编号：2015M572237）资助。

黄宏伟

2018 年 4 月于中南财经政法大学